功夫

顿悟渐修

Gradual Cultivation and Sudden Enlightenment

彭道富 / 著

中国出版集团有限公司
China Publishing Group Co., Ltd.
研究出版社

图书在版编目（CIP）数据

顿悟渐修. 功夫 / 彭道富著. -- 北京：研究出版社, 2025.1. -- ISBN 978-7-5199-1725-8

Ⅰ. F830.91

中国国家版本馆 CIP 数据核字第 2024D2C644 号

出 品 人：陈建军
出版统筹：丁　波
责任编辑：韩　笑

顿悟渐修·功夫

DUNWU JIANXIU·GONGFU

彭道富　著

研究出版社 出版发行

（100006　北京市东城区灯市口大街 100 号华腾商务楼）
北京隆昌伟业印刷有限公司印刷　新华书店经销
2025 年 1 月第 1 版　2025 年 1 月第 1 次印刷
开本：880 毫米 × 1230 毫米　1/32　印张：9.5
字数：221 千字
ISBN 978-7-5199-1725-8　定价：57.00 元
电话（010）64217619　64217652（发行部）

版权所有·侵权必究
凡购买本社图书，如有印制质量问题，我社负责调换。

假如你不能成为别人生命中的礼物,就不要走进别人的生活;
假如有人进入我的生活,我有能力认出这份礼物。

希望本书能成为你悟道路上遇到的最特别的礼物!

序: 大道至简

数字哥

每当有朋友问我怎么做交易、怎么做龙头,我都会告诉他们——用婴儿般的眼光去看!涉及具体的一些细节上的问题,无法用三言两语说清楚的时候,我会向他们推荐本书作者的相关书籍或公众号(股市的逻辑)文章,说:"彭道富的文章可以好好看看,里面有不少案例分析,有助于加强对于龙头的理解"。

并不是溢美之词,而是因为彭总一直潜心钻研关于市场某个阶段的龙头以及龙头战法的种种演变情形,并通过自身或者朋友的实战案例分享,不断淬炼提升,及时进行总结、思考、沉淀,然后转化为通俗易懂的文字分享给大家。这对于经验比较欠缺、理解不够深刻的朋友而言,无疑是一本很好的入门、提升教材。

没有什么比来自实战检验第一线、第一时间的分析总结报道,更能让人身临其境的。能不能触类旁通、活学活用，学来的道理能不能有醍醐灌顶的效果，取决于每个人的天赋和努力。

很多东西，不亲身参与，或者不通过深入的采访和交流、不深入思考揣摩是无法还原，也是无法从本质上抓到问题的关键所在的。比如：为什么这只股票是龙头？你是什么时候发现它是龙头的？

近年来，龙头战法得到大范围、水平参差不齐、多维度的宣传之后，逐渐"烂大街"化。在注册制开始全面实行、量化开始越来越活跃、监管或监控日趋严格的当下，龙头会以什么样的方式呈现在大家的面前？龙头战法是否需要迭代升级或进一步优化呢？

答案是毋庸置疑的。

所以我认为，本书作者持之以恒不间断地思考与总结，是与时俱进、贴近最真实的市场博弈和变化的。理论不仅仅来自纸面，而且来自实战经验总结，并且有很多思维火花上的闪光点，让我读罢有一种原来如此，"于我心有戚戚焉"的感觉。

传统的龙头战法以情绪或筹码博弈为主要载体，可以没有任何基本面的逻辑支撑，散户说你有就有，没有也是有，就是当时最广为流传的一种调侃。

而现在的龙头，必然伴随着基本面逻辑的支撑——其潜在蕴含的内在价值尚未被大众认可或发掘，而这个对于基本面逻辑或者价值的认知差，将会成为一段时期内对龙头最好的佐证与支撑。即我之所以能成为龙头，不再仅仅是单纯依托情绪或筹码博弈；我之所以为龙头，是因为我真的有价值，只是你还没有认可我的价值，或没有发现我的价值而已！

这就是新时期龙头在表现形式上与传统纯情绪化与筹码博弈的龙头战法分庭抗礼的分界线所在，即作者文中所述"龙头有两种，价值型与情绪型""龙头的新变化，离投机很远，离价值很近"。

这些观点，在某种程度上又与赵老哥所说的"不少纯打板战法，过分看重分时板的质量，打的是分时板，而不是日线板"有异曲同工之妙——流水不争先，争的是滔滔不绝！

比如新能源时期的龙头代表小康股份；比如疫情时期的龙头代表九安医疗、中远海控、英科医疗等；比如2023年上半年的大主流人工智能炒作过程中出现的龙头代表剑桥科技、中际旭创、工业富联、联特科技、中国科传、鸿博股份等；它们的日线结构上经常出现震荡以及大跌的阴线，短时间内的表现确实会让人觉得这不是龙头，但是不可否认的一点就是它们韧性十足，后劲十足。

这就是新时期新阶段的龙头具有的独特气质——不再以日内分时的强弱为判断强弱的依据，而是以日线结构上的强弱为判断强弱的依据。这就脱离了分时上的桎梏，跃升到了另一个阶层。

而能够维系这种走势的龙头，其自身的基本面逻辑必定过硬，才经得起市场分歧检验。于是又回到了彭总所说的"龙头，本质上是一段势的载体与表达""高手谋势不谋子，俗手谋子不谋势""龙头就在众目睽睽之下；龙头就在大摇大摆之中；龙头就在街谈巷议之间；龙头就在口口相传之畔"。你只需要用婴儿般的眼光看就可以了。

见山是山，见山不是山，见山还是山！大道至简，殊途同归！

成百上千的支流如果找不到汇入江河主流的口子，那么它们将永远无法奔流入海；想要到达千里之外的目的地，不找到正确的主干道，走小路或者岔路，哪怕你日夜兼程，很有可能事倍功半甚至事与愿违；不找准方向，迷失方向后可能绕来绕去还在原地打转，甚至南辕北辙。

　　这就是为什么要坚持在主流里面寻找机会的原因之一；而日后能被人提及的龙头，必然来自主流板块，主流才是孕育超级大龙头的温床。

　　所以从龙头入手研究市场，就是从市场主流入手研究市场，可以尽快解决非主流操作恶习的问题；用龙头战法去参与市场博弈，就是在培养自己的交易模式和审美，可以尽快解决模式外和情绪化操作的致命问题。

　　众所周知，非主流、模式外、情绪化操作是普通投资者亏损的三大主要源泉。不断研究学习龙头背后的主流板块，不断提升自己交易标的的审美条件，不断优化完善自己的交易模式，假以时日能大大缩短走弯路、盲人摸象的时间。正如作者说的："强制自己与龙头发生关系。你的自选股里，应该只放龙头""未定龙时，人找龙；定龙之后，龙找人"。

　　龙头来自主流，主流孕育出龙头。当下一个大主流、大龙头出现的时候，你是否准备好，也具备了"龙找你"的基础呢？

　　此次适逢彭总邀请本人作序，有心于龙头战法的朋友，不妨试试沉下心好好研读一下书中的精彩篇章。相信书中的理念以及方法论，会带给你不一样的启示和收获！

2023 年 7 月 11 日于深圳

自序: 礼物

一

《天道》里，芮小丹说过这样一句话：

> 只要不是我觉到悟到的，你给不了我，给了我也拿不住。只有我自己觉到悟到的，我才有可能做到，能做到的才是我的。

这句话从结果和终极意义层面上来讲是对的，但如果我们再追问一句："如何才能做到'让我自己觉到悟到'？"大家就会突然发现，很多人对芮小丹这句话的理解肤浅了，包括电视剧的编剧，也包括经常引用这句话的人，断章取义，把深刻的哲理心灵鸡汤化了。

如果只追求"我"的觉到悟到，那么，唐僧还去西天取经干吗？

还要聆听佛陀的真经和教诲干吗？自己觉，自己悟不就行了？

那么，科学家还去学习牛顿、爱因斯坦干吗？还去接受微积分和相对论干吗？直接去觉去悟不就行了？

所以，我说芮小丹的话是从终极意义上来说的。什么是终极意义？就是说"最终"是对的。你要让一个东西彻底变成自己的，最终你自己要彻底领会和理解它，而不是一直靠别人。

但"最终"之前，需要站在别人的肩膀上，需要先吸收别人已经觉到悟到的成果，需要有个"过程"，需要"外缘"来启发和触动。

就是芮小丹本人，其最终之所以有那么高的境界，不也是与遇到丁元英有极大的关系吗？

如果把觉到悟到当成悟道或者顿悟的话，它必须有一个相当长的渐修之旅。

在这一过程中，需要各种各样的外在因缘：

或是一场交流对话，

或是一段视频，

或是一场报告会，

或是一本书、一篇文章、一段话，甚至是三言两语，

或是一种思想、一套理论、一个学说，乃至一种方法，

再或是遇到某个人，

……

这些外缘

或者刺激，或者启发，或者触动，总之是叩开了你的思考和感悟的大门，才有最后的觉到悟到。

所以，千万不要把芮小丹的话当成简单的"靠自己""向内求""自力更生"，更不能当成"闭门造车"。觉到悟到并非一个人关起门来突然某一天的心血来潮，也并非某个清晨或者某个黄昏突然降临的东西，而是受到过无数个"垫脚石"的启发，站在无数个别人成果肩膀上的结果。

这些当中，书和各种文章、帖子无疑是最常见的载体，也是最方便、成本最低、最唾手可得的"外缘"。试问自己，你在人脉圈和朋友圈能见到多少"世外高人"？能听到多少高维的报告会？能跟多少个真正厉害的人对话和高质量交流？

所以，幸好有书这个载体可以作为"外缘"。

二

经常有人问：

"读书有用吗？"

"读书对炒股有帮助吗？"

那要看你怎么理解"用"，怎么去"用"。

如果把一劳永逸地解决炒股问题当成"有用"，那么读书没有"用"。这个世界上没有任何一本书能起到这样的"用"。不但书，其他几乎所有的东西，也都没有这样的"用"，包括任何一种学习研讨会议、交流会、报告会、电话会议、视频会议、抖音直播等，也包括去跟顶级大佬请教，甚至是现场学习。否则，股神的孩子不也成股神了？

但如果把启发思考、点燃自我当成"用"，那么读书肯定有用，而且大有用处。

因为书是最大的"外缘"，它能启发我们继续思考，最终让我们达到觉到悟到。

这就涉及对书的态度了。

有些人看书，希望书能提供"圣杯"和立竿见影的"标准答案""终极结论"，希望书能直接让他"悟到"，希望书能够直接告诉他下一步应该马上怎么做。这怎么可能？

如果是其他领域的书，也许可以，比如烹饪、剪裁，但股票书不行。因为投资几乎是这个世界上最复杂、最具有博弈性、最变化无常的领域，这个领域的任何经验和规律总结，无论是以书的形式，还是以语录、文章、报告会、学习班、清华北大投资课、各种战法、视频讲座、音频、课程等的形式，都没有办法直接做到"给你"（芮小丹语），直接让你觉到悟到，都只能是以"外缘"的形式去启发你。都需要你继续"加工"，继续修、继续悟。换句话说，投资领域的任何经验和规律，都是"半成品"，都需要经过你多次思考和反复渐修，才能成为"成品"。否则，就如芮小丹所说，"给了也拿不住"。

这也体现了股票这个领域的复杂性和残酷性。没有任何一本书、任何一个已经"悟到"的大佬，能让你直接成为专家和高手。

那么说，读书和学习就没用了？

当然不是！

还是回到"用"这个话题。如果我们把启发思考当用、把开启一个全新维度当用、把外缘当用，那么读书不但有用，而且大有其用，甚至，没有任何领域比股票这个领域更需要读书和学习。如果我们不读书，我们就永远在自己的维度和经验里打转。

不是有这样一句话吗：

自序：礼物

> 你不是有 5 年的工作经验，而是一个经验用了 5 年。

这句话说得太一针见血了。很多人炒股很多年，自以为经验很丰富，殊不知他只是一个经验耗了很多年。

其实，每个人都有一个"死角"，自己走不出来，别人也闯不进去。这个时候，只有外缘的"当头棒喝"，才能真正改变这种局面。而读书、读别人，正好可以起到这种作用。

有的人可能说："现在股票市场变化快，能写在书上的东西都过时了，书上哪里有答案？"

这种看法很有害：

其一，现象常变，规律不变。股票市场常变和过时的，是一些现象层面的东西，而规律层面的东西，往往亘古不变，比如人性的东西，比如底层逻辑的东西，以及涉及交易的一些战略和心法的东西，等等。这也是为什么说"华尔街没有新鲜事，因为投机像群山一样古老，股市今天发生的事，过去曾经发生过，将来也必然再次发生"。

其二，书没有直接答案，但书会带着你进行一场思维和逻辑的"旅行"。任何书，只要是作者用心创作，里面都会有一套系统化而非碎片式的看问题的角度和思维，它能给继续思考提供"养料""燃料"和"触点"。这些东西，也许平时沉睡在你的大脑深处，而书恰恰能够唤醒它，燃烧你、激荡你，重新启发你思考。也许这种思考，能够打破你的"死角"。

其三，投资中，小的进步靠知识的增加，而质的革命性的进步，靠的是认知突破和维度的升级。那些花样繁多的战法和绝招，很多是在同一个维度里打转。人类对股市的认知，往往需要很多年才有一个维度的更新。而书，因其是系统化的思考和总结，而不是快餐式的灵感，更容易帮人完成维度的升级和改造，实现质的进步。这也是越是投资大佬，越是乐此不疲地热爱阅读的原因。

所以，书不但有用，而且有大用。

再退一步讲，一本书哪怕里面只有一章、一段话、一个认知或者一个观点能够震撼和启发到我们，就够了，就超值了。投资路上，很难有人给你所需要的全部的 100% 的东西。有人哪怕只给一两句话，甚至一个词，如果真能启发到你，就已经受益无穷了。

我自己从事投资很多年，深感投资是一辈子都需要为之努力的事情。我觉得我比任何人都喜欢读书，投资的书，非投资的书，包括很多在一些人看来没用的杂书，我都喜欢。但凡这些书里有只言片语能让我有所悟、有所想，我都会感恩、都会默默感谢。即使自己今后超越了那些文字的内容，甚至觉得它们过时落后了，但只要想起当时阅读时的情景，想起曾经给我带来的启发，我都会深深地感动。因为这些阅读毕竟在当年唤醒过我深度思考，燃烧过我，启发过我，也为我厚积薄发、多维度思考打下最扎实基础。

三

《楞严经》云："理可顿悟，事须渐修。"

本书以这句话为书名来源，从"顿悟"和"渐修"两个层面来思考投资。顿悟和渐修，是人类认知和修行的两个法门。佛教中有顿悟派与渐修派之争。慧能和神秀的故事，其实就是顿悟和渐修一较高下的故事。虽然最终慧能一派大行天下，但从修行的角度上来说，大多人更适合渐修而非顿悟，只不过顿悟迎合了大多数人的内心企盼。

投资何尝不是？我们经常艳羡别人的一朝顿悟，也常用顿悟表达已经"得道"，足以说明顿悟更能迎合大多数人的内心企盼。而真实的情况呢？如果没有数年如一日的渐修，顿悟就是空中楼阁。我听过太多顿悟的故事，到头来只不过是渐修路上的一个"驿站"而已。宋朝杨万里有一首诗写得好：

> 莫言下岭便无难，赚得行人错喜欢。
> 正入万山围子里，一山放出一山拦。

很多人自以为顿悟了，后来却发现还有另外一层"山"在前面挡着，真是"一山放出一山拦"。所以，一次次的顿悟，事后看都是一层层的渐修。而离开这一层层的渐修，是无法达到最后的顿悟的。

从认知论层面上，顿悟和渐修不可分离。而在实践中，顿悟也不是万事大吉，它仍然还须渐修。

我们经常发现这种情况，某个理已经悟到，但就是做不到，或者一做就走样。为何？因为理是认识层面，实践是做事层面。认知层面的东西或许可以在外界的启发下突然"灵光一闪"顿悟，但是要把这个顿悟的成果落地，却绝非一朝一夕，它必须要在"事上磨"，这个磨就是渐修。没有渐修层面的修成正果，仅仅是顿悟上的灵光一闪，不算真正意义上的悟到，心到手未必能到，只有心手合一才是真正的悟到。

当然，我们不能走到问题的反面，过于在渐修上天天拉车，而不看路。股市上做得好的人，都是悟性极高的人，都是能够从经验中悟出一套超出常人认知的东西。这些东西或许可以用语言表达，或许无法用语言表达，但一定都是超出简单现象和经验层面的东西。这个东西是每个人最宝贵的东西，它是一个人日日夜夜反复思考、辛劳总结与突然灵感迸发、豁然开朗的结晶。即使它不是终极意义上的悟道，但也足以打开某个死角，解决某个问题。这样的死角打开多了，问题解决多了，也就慢慢真的全面顿悟了。

我辈不才，喜欢思考总结，也有缘结识、有幸请教一些天赋异禀、成就卓越的投资高人，其间有顿悟的成果，也有渐修点滴的总结。这些东西，很多都收录在本套书中。因为对顿悟和渐修有切身体会，所以把书名冠以《顿悟渐修》。在这里，我把它们分享给大家，希望我的思考，能够给大家不一样的启发。

本套书与以前我曾经写过的几本书最大的区别在于，顿悟部分更充满哲思，形而上部分更加形而上；而渐修部分更充满细节，形而下部分更加形而下。在书中，我不仅提供一些硬知识，更希望对人类的投资知识体系有所贡献，希望我的一些思考能够拓宽人类关于投资的认知边界，也力求能够为一些人提供新思考、新思维和新思想。

四

书和书不一样，出书和出书也不一样。有的人出书就是为了职称或者名利，而有的人出书是为了情怀和理想。平心而论，我是一个已经出版过好几本畅销书的人了，书能带给我的荣誉（东西）我都有了，按理说，多出一本少出一本，对我意义真的不是很大。如果单纯为了稿酬，一本书的收入远远不如搞一场网络直播来得多、来得快、来得轻松，何苦呢？但是，为了阐明一些道理，我还是决定把过去几年的思考和文章整理成书。

其实写书并不是只有会表达的人才有的专利。我在《龙头、价值与赛道》的序里，就曾表述过：

> 可以想象，大多数投资者也都应该有"书写"的习惯，比如把平时的经验和小秘密写下来，把一些新发现和新规律记在小本子里，等等。其实，这与我写的书没有本质的区别，只不过我在因缘巧合的情况下，把我的"小本子"出版了、公布出来了，而很多人的"小本子"一直藏着而已。

我一直觉得，任何一个勤于总结的人，也都在默默"写书"。我之所以连续公开了几本自己写的书，其很大的缘由就是"不知轻重"地写了第一本书，一不小心把"龙头"这个词经我手变成了股市里一个非常热门的词汇，飞入寻常百姓家，被广泛引用和流传。但很多人只是打着龙头的旗号，用龙头这个好听的词来装自己瓶里的酒，结果把龙头战法搞得鱼龙混杂，龙头一词早已偏离我最初要表达的意思。为了归醇纠偏、为了阐明龙头股和龙头战法的思想要义，我不得不多写几本书，于是有了其他几本书，当然，也包括本套书。

但本套书跟前面几本又有些不一样，这套书是将我前几年创作的一些文章按照一定的逻辑重新整理而成。本来我不计划把它们出版，因为它们早已经发表在互联网世界里，但当我自己回头看这些文章，着实喜欢。特别是关于战略、战术、原教旨龙头和归因的文章，我自己都有把它们打印出来反复翻看的想法。因为每次重读这些文章，我自己都能再次触动，有的甚至看得我自己热泪盈眶：那个时候的我该有多拼，才能写出这样的东西。后来想想，与其在网上来回翻看，不如把它们变成书，翻看起来更方便。于是，我决定把它们出版。

所以，从自私的角度上说，这首先是一本为自己写的书。

当然，书一经问世，就是社会的产品，我也希望它能够启发、照亮其他人。

忘记在哪里，我曾经看过这样的话：

> 有时候我们看遍浩如烟海的东西，也无法成长，而有时突然遇到三言两语，却恍然大悟。

关键是你不知道那两句话藏在哪里。事实上没有人专门给你准备那两三句话。也许机缘巧合，在某个正确的时间、在某个该有的火候点、在某个契机里，你在某本书上遇到这两三句话。

有时候我想，也许在我的书和文章里，能让某个读者遇到这两三句话呢。如果真的如此，那我也算是一个对他人有意义的人。

当然，我也不知道我的思考和文字能不能给别人带来这种契机，有没有这样的两三句话，但万一带来了呢? 如此则功莫大焉。如果没有带来，对读者也没有任何损失呀!

这就是我最终决定出版本书的起心动念。

记得有这样一句话：

> 假如你不能成为别人生命中的礼物,就不要走进别人的生活;
>
> 假如有人进入我的生活,我有能力认出这份礼物。

希望,本书能成为你喜欢的礼物,特此献给你!

以此:不枉你我相识一场!

谢谢!

目 录

一层功夫一层理　　001

态度　　003
念头　　010
发生关系　　015
山不向我走来，我便向山走去　　019
追求关系的完美与接受方式的不完美　　022
孤身迎敌　　026
真正做龙头的人，是孤独的　　029
真正的龙头战法是寂寞的　　031
观念　　034
体验　　037

炒股的"四重境界"	041
搂底浆	046
前提	049
我对钻石不感兴趣,我只想看它戴在你手上	053
归因:唱歌跑调其实是耳朵的问题	058
归因:凡是基于眼前得失做的归因,都没有未来	062
不是"原因"的原因	067
跳出"经验和现象"总结的陷阱,进入"逻辑透视"的境界	070
不要做"杠精"	075
聊聊那些你曾经的"讨厌与反感"	080
流动性	082
错配:投资中最自欺欺人的误区	084
利好是朋友吗?	086
"断事易早"是投资路上最容易犯的毛病	088
一山放出一山拦	092
最残酷的事儿:小有才华	095
悖论与诡辩启示录	104
高级	112
应然与实然	117

谁说市场喜新厌旧	120
宏大叙事：一种别样的投资陷阱	125
熊市里的"南墙"：	
只有亲历寒冬才能真正在未来的市场里活下去	134
辩驳	141
看股票书对炒股有帮助吗？	149
如果人生有惊蛰，如果股市有惊蛰	156
最爱是小满	160

一层理出一层技：战术思考　　163

把问题解决在盘中	165
你的交易，应该是别人复盘的对象	168
盘中解决问题的能力	170
最好的复盘是"盘中复盘"，在听见炮声的地方呼唤炮火	172
股票反着买，别墅靠大海（一）	176
股票反着买，别墅靠大海（二）：当别人都不看好时	181
小作文反比定律	185
中位股风险：队伍的腐烂往往是从中位股开始的	189

关于股票买点本质的思考	191
先手，并没有你想象的那么重要	194
神之一手	200
买点不是点，神手非一手	209
补射	215
追高买，还是低吸买	221
很多人所谓的"低吸"，其实是在"追高"	225
论主升与反包	229
盘中弱转强	236
假弱真强	241
假弱真强补充说	246
不懂竞价，就不懂短线	248
竞价开得不好，是直接卖，还是等一等？	254
分歧的智慧：穿越分歧，利用分歧	262
能受天磨真铁汉	264
不要浪费任何一次危机	269
围城打援：游资的三十六计与孙子兵法	273

一层功夫一层理

态度

前段时间，我曾看到过这样一个观点：

什么才是一个人的本质？
是他能输出什么，创作什么；
但更加本质的是他的态度。

初听，猛然一怔，但觉得说服力不够，接下来这句话彻底征服了我：

一个人的态度、一个人的意图，一个人对世界万事万物的态度，引领着他走完这一生。什么智商、情绪，都无所谓了。

非常认可！

当时我就想把我的感受分享给大家，但苦于没有思考透，也苦于没有特别应景的场景和贴切案例来恰如其分地传达其中的韵味。后来发生了几件事，我觉得可以分享我的感受了。

最近发生的大事，莫过于俄乌事件，各大微信群掀起很激烈的讨论，支持谁的都有，甚至互骂。我就特意从"态度"的角度去观察群里和网上关于这个事情的讨论，我发现一个有意思的现象：态度压倒一切。

对于一个持支持俄方态度的人来说，无论任何证据、逻辑和推理，最后的结论都是支持俄方。而对于粉美粉乌克兰的人来说，任何证据、逻辑和推理，最后的结论都是粉美粉乌克兰。（特别声明，我没有贬低或者颂扬任何一方，我只是用这个现象举例子来说明态度影响下的观点和争论，下同。）

其实参与讨论的很多都是高素质的人，学历很高，在社会上地位很高，见多识广。但一旦持有了"态度"，一旦"态度"先行，任何有利于自己的证据，都会被无限放大，而任何不利于自己的证据，都会被视而不见，甚至被当作没有。

我突然明白，其实证据和辩论过程不重要，态度才重要。你无法叫醒一个装睡的人，你也无法用证据和逻辑去改变一个已经有"态度"的人。

不但俄乌战争是这样，很多社会热点事件也是这样。每当一些热点事件引发争论的时候，我就喜欢去观察争论的过程。我发现，是态度决定一个人的观点，而不是新证据、新思考和新逻辑。

我甚至有一丝悲观，对理性悲观，对逻辑推理和人的反省精神悲观。态度之下，人们往往不是去寻找"真理"，而是去寻找巩固自己"态度"的证据。

不过转念一想，如果有一个人，能够突破这点，他不就是勇者吗？而如果我们每个人都能够突破这一点，不就是进步吗？

进步的本质是什么？不就是在态度上前进吗？

无论我们看什么书，听什么观点，如果"态度"没有变，基本上等于白看白听。因为你不会上心。只有态度变了，才算真正"看懂听懂"。

这里，我又想到了投资，想到了股市。

众所周知，我是一直呼吁做龙头，倡导龙头战法，有些朋友也接受我的观点和逻辑，但是他们一到市场上，就不自觉地把手伸向杂毛。这到底是为什么？

后来我看了本文开篇的那些观点，才突然明白，其实很多人只是接受了龙头的观点，但是没有从"态度"上接受龙头。

举个例子，有次我在一个大学做讲座，分析龙头思维。席间，有个人指着电脑跟我说一只股，我一看正是中科信息，就是这一天，他边指着边跟我说："可恶，它还涨！"

边骂边咬牙切齿，好像这只股上涨跟他有仇似的。

他说，他前一天就把它删除自选股了，他觉得太高了，昨天都涨不动了，我看了一下前一天，见图1-2。

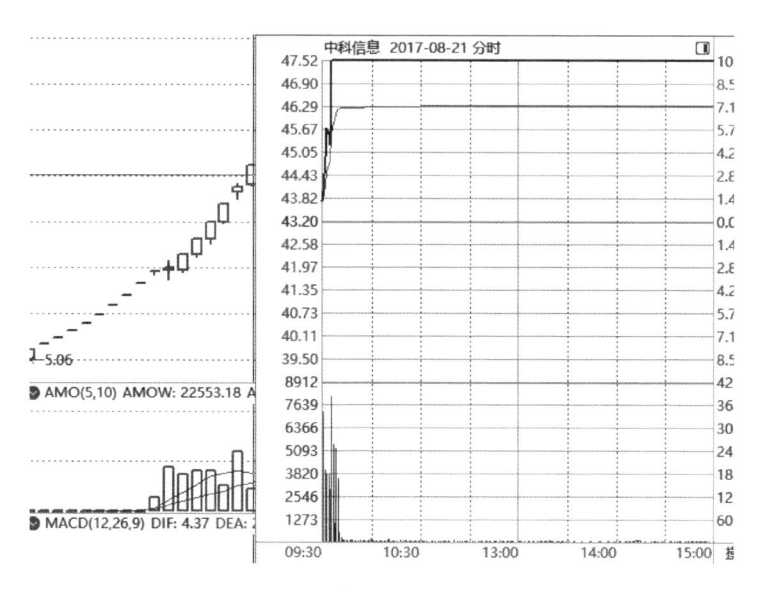

图 1-1　2017 年 8 月 21 日的中科信息

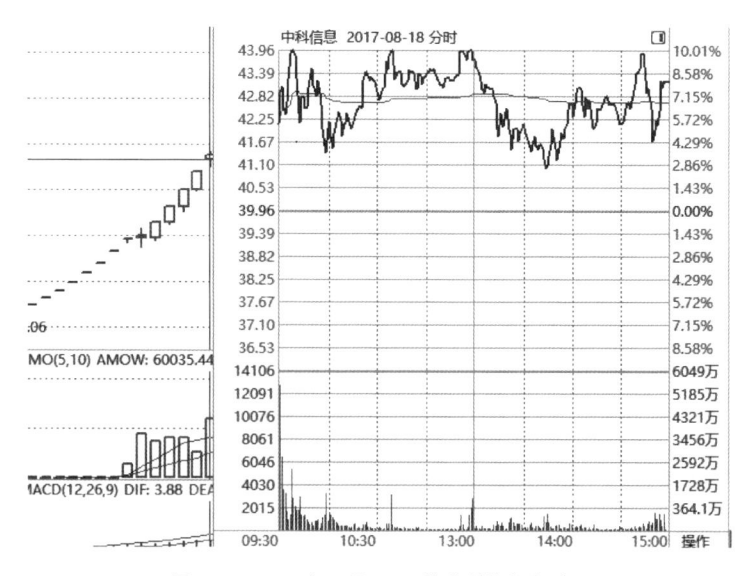

图 1-2　2017 年 8 月 18 日的中科信息分时图

我看了看他的眼神，瞬间明白他做不好龙头的原因。他并非不懂技术，而是内心已经不接受这只股了。他的态度抵触它。如果态度不改变，就算学再多的术，也做不好这样的股。

"态度"其实一个类似"心法"的东西。这就是为什么我的书很多地方写心法。心法不改，内心底色不变，战术再强大也是枉然。因为在某种程度上，人是态度引领的，而不是知识引领。

为什么举这个案例，因为最近的一只股，再次让我想起了它，大家见图1-3浙江建投2022年3月15日走势。

这一天，与中科信息的那一天，虽然技术上区别很多，一个是第一波，一个是第二波。但这两只股加速的时候，需要的"态度"是一样的，那就是做市场风眼。

做龙头最需要的是什么? 为什么同样一个股，有人看涨有人看空? 是观点之争吗? 是认知之争吗?

当然是。

但最根本的还是态度之争，还是态度的差异。

有人见到市场最强物种，视为妖孽，甚至骂一句瞎炒，更有甚者直接删出自选股不看。而有人见到最强物种，喜欢迎面赶上，与之共舞，分一杯羹。

是态度的差异，造就了行为的差异。

当然，这只是表层的态度差异。还有深层的态度差异。

比如，见到龙头：

有人总是怀疑，总是恐高，总是找它的缺点，总是去盼望它哪一天暴跌，然后到那一天真的下跌了，去相互庆祝；而另一些人，却想着去亲近它，研究它，寻找这类股的最佳介入策略。

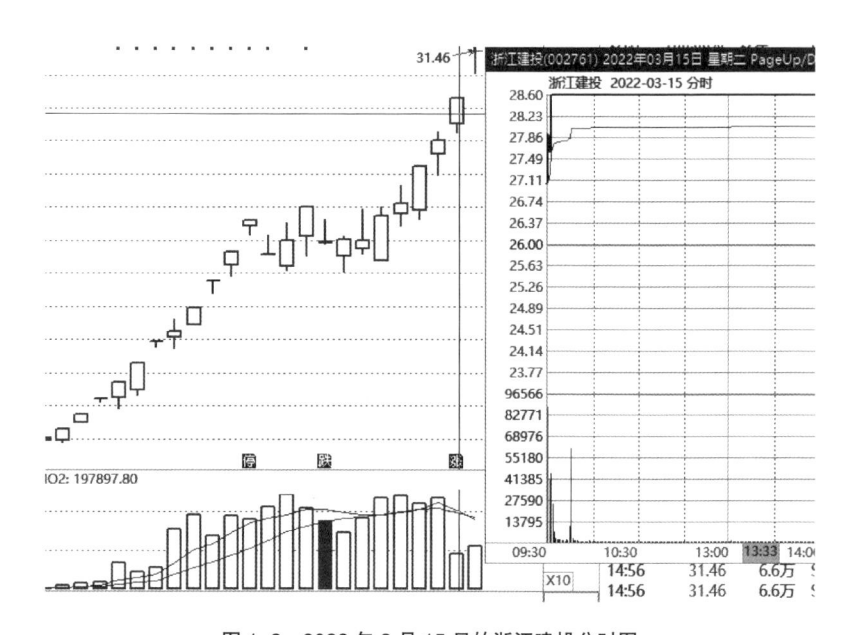

图 1-3　2022 年 3 月 15 日的浙江建投分时图

一旦在态度层面上定性了，市场的走势就不重要了，甚至基本面、技术面、情绪面也不重要了。

所以，投资最大的进步其实不是突破技法，无论这种技法是来自于基本面的，还是技术面、情绪面的。

破山中贼易，破心中贼难。

突破原有的态度，才是最难的，也是最重要的。

对龙头的态度,

对风险的态度,

对空仓的态度,

对钱的态度,

也包括——对态度的态度。

念头

很多人做龙头遇到的最大的魔咒,

不是技术,

不是方法,

不是水平,

而是念头!

这些念头往往在他想买龙头的时候突然闪现,比如:

某一次追高被套的画面一闪,

某一次"核按钮"恐慌场景的一闪,

某一次别人吹票被坑的痛苦记忆一闪……

这些闪来闪去的东西,让他活生生地浪费了一个龙头。

我想,凡是真正实战的交易者,都有这种感觉。真正阻拦我们的并不是我们的技术，而是在关键的时刻，大脑中的念头闪到哪里了。

如果大脑里的念头闪到九安医疗、顺控发展，那么就很容易下手买下龙头；如果闪到杂毛让你亏钱的过程，就下不了手。

关键是为什么龙头出现时你会想到的是痛苦和失败的记忆，而不是想到与龙共舞、酣畅淋漓的记忆？

带着这个问题，先来看看我跟很多朋友的交流。

我有很多游资和操盘手朋友，大家经常交流龙头战法。很多人知道我潜心龙头，就喜欢跟我聊龙头战法。有支持龙头战法的，当然也有反对的。反对的声音中最大的就是龙头战法容易吃面，或者说不买的龙头就涨，买的龙头就跌，结果遇到龙头不敢做了。

这个问题，跟本篇要讨论的核心问题，其实是一样的。

因为被非龙头伤害，结果真龙头来了，怕伤害，不敢做了。

他们问我这个问题该怎么办，我说：

"这样吧，你们把龙头伤害你的所有交易记录和失败案例发给我，我来看看是怎么回事。"

于是，他们就把做龙头失败的案例都发给了我。

然后我细心地一笔一笔地分析，得出一个让他和我都震惊的结论：

> 他做失败的案例，其实不是龙头，而是普通的技术分析买的股，或者是打板买的股，或者是听信小作文买的股。

他们看到这些案例，自己都承认不是龙头，而且，当时市场明明有龙头且他们能识别，因为各种原因就是不去做，然后一定要用各种战术去做一些非龙头股。结果，失败之后，吃面之后，却把这个账记在龙头名下。

也就是说，他们内心留下的很多痛苦记忆和念头，比如追高容易被套，打板容易吃面，大热容易死掉，利好见光死，等等。这些其实不是在龙头身上落下的，而是在非龙头身上落下的。

这样我们就明白了，为什么当他们遇到一个龙头时，本来有技术能力做得到，但大脑中总是浮现过去追高亏钱的念头。

诸位朋友，你们是不是也经常这样？

问题到底出在哪里？

其实主要原因有三个。

第一，过往没有做龙头特别成功的经历，没有享受过龙头带来的快意恩仇。

做九安和三羊马时我就跟一些朋友说过，遇到这个类型的龙头，哪怕你买100股，也要去享受它的全过程。因为每做成一个龙头，那种参与感和积累的心理记忆，将是一笔重要的财富，远比赚多少钱重要。当你成功全程做过一个龙头，下一个龙头就再也难不住你。

第二，不纯粹，不干净。

龙头和非龙头一起做，赚钱了和亏钱了原因一起总结。把本来杂毛亏的钱、追高亏的钱、听信各种小作文亏的钱、技术分析亏的钱，都记在龙头的账上。然后龙头来了，用普通股的记忆去污染做龙头的心念。

龙头也会洗盘，龙头也会波动，在龙头晃荡的时刻，特别是当大盘洗盘的时候，人面对盘面，可谓"兵荒马乱"，此时此刻，人最先启动的一定是直觉思维和画面回忆，也就是过往念头的自动检索。如果你非龙头做得多，或者龙头和杂毛混着做，你的直觉和记忆画面里，一定是浑浊不堪的，一定是不纯的。如果前段时间杂毛让你亏了，你一定会把这笔账记在下一个龙头身上，然后呢？

然后，就跟龙头没有缘分了。

第三，错误归因。

龙头战法并非最好的战法，任何一个战法做到纯粹，都可以登顶。所谓文无第一，武无第二。

但对于任何一个方法，当我们分析其成功和失败时，都要精准找到其原因。最害怕的是杂毛失败了，总结其失败的教训，却套在了龙头上。龙头成功了，总结其成功经验的时候，却推广到所有普通股票上。

你还别以为这是散户行为，很多投资高手也会犯这个错误。但高手之所以是高手，是因为他会反省这个问题。

所谓反省能力，就表现在这里。

心念乱闪的问题，根本原因就是把本不属于龙头股的心念，闪在龙头的头上。这个问题涉及历史体验，涉及纯粹性，更涉及自我反应和正确归因。

为了解决这些问题，我也想了很多办法，在这里，我重新分享一遍，我想，大家今天再看，应该有全新的感受，不信，你看看：

（1）你的自选股里，应该只放龙头，谁符合条件买谁。凡是非龙头，放在备选栏，放在次要栏。

（2）早盘前 30 分钟，聚焦龙头的一举一动，非龙头不要消耗战略注意力。如果要看非龙头，等半小时过去再说。

（3）强制自己只与龙头发生关系。

（4）有总龙头，就不要做分龙头。

（5）有连板的龙头，就不要做反包的龙头。

（6）有主升的龙头，就不要做反抽的龙头。

（7）有主线的龙头，就不要做支线的龙头。

（8）有明牌的龙头，就不要去挖什么暗线的龙头。

（9）有市场选出的龙头，就不要自己去挖掘龙头。

发生关系

重要的一条：

> 强制自己与龙头发生关系。

如果非要加个限定，我希望是以下三条：

> 只与龙头发生关系；
> 越早越好；
> 用最笨的方式。

很多人错失龙头，或者无法知行合一，最大的问题是没有意识到"与龙头发生关系的重要性"。

如果你认可龙头是天降宝物,是交易世界里最好的品种,那么与它发生关系就是这个世界上相当美妙的关系。

为了实现这个关系,最需要做的是排斥与其他股票发生关系。因为只要你与其他股票发生了关系,可能在时间上、精力上、仓位上,就影响与龙头发生关系。

为了那些糟糕的关系,而失去最美好的关系,绝对是最大的损失。

所以,必须从内心到行为,强制要求自己只与龙头发生关系。

交易的世界里最"短视"的事情就是,当一个龙头在你面前晃来晃去,你却对它视而不见,而努力用术和技巧去维护和其他股票的关系。

当你回头的时候,突然大叫一声:"这只股涨那么高?某某某一天,它也符合我们的模式和买点。"

关键是,那一天你去哪了?

是不是把它当成一只普通的股票等闲视之,而没有意识到那是最重要最美好的关系?

所以,"与龙头发生关系"是一个至高无上的信条!多年的龙头实践经历告诉我,这种关系很重要、很紧迫。

越早越好。晚了,会因为各种原因而失去。

而失去,就意味着暴殄天物!

其实,与龙头的关系不怕晚,就怕无。只要你长期做龙头,总会了解它的性格和脾气,总会在"晚"之前与它一见钟情。

很多人失去与龙头的关系还源于一个心理障碍——总希望找到最佳的方式，比如：

成本最优；
位置低点；
回调之后；
……

可是到最后发现，没有"最优"。为了最优，往往失去了关系本身。

所以，我认为，与龙头的关系不需要用最优的方式，相反，应该用最笨的方式，最傻的方式。

我们必须意识到，当关系本身最优时，方式就不要选择最优。方式的选择，不能影响到关系本身！

为了把这种不影响降到最低，我们最好选择最"笨"的方式。什么方式最笨？

答：你能看得到它的那一天，用最不利于自己的价格去做。（这一条不解释，大家各自去悟。）

此种做法，看似最傻，却最能让关系不流失。

其实，说一千，道一万，就关系本身而言，所有的文字和解释，都是为了不失去这种美好的关系。

因为龙头具有很大的交易价值，也具有天然的稀缺性，一旦失去，也许很久才能再来一个。当有一个龙头存在的时候，我们千万不能因为各种理由和借口失去它。

很多人喜欢龙头,只是喜欢回忆和研究以前的龙头,面对过去的某个龙头,总是说,如果再来一次,我会如何如何,而当真正的龙头到来时,又不能把握住。

所有的当下,都会成为过去。

看着今天的龙头,它也会成为过去,也许在未来的某一天,当人们回顾它时,看着一根根的K线,领略它的风采,会唱道:

> 我吹过你吹过的晚风
> 那我们算不算相拥

> 我吹过你吹过的晚风
> 是否看过同样的风景

我可以明确地回答:不算!

除非,你们真的曾经拥有过。如果这次没有拥有,你已错过它,但请不要错过一个至高无上的心法:

> 强制自己与龙头发生关系!

山不向我走来，我便向山走去

我有一个心法：

在龙头面前，关系为贵，方式次之。方式的选择，不能影响到关系本身！

为了帮助大家理解这个心法，我特地挑选了我所有文章中最能解释这句话的一些章节，我把它们编排在一起，会使大家内心的冲击强烈一些，它们如下：

事实上，等待重要，不等待也重要。"时不我待"，"抓住稍纵即逝的机会"往往比善于等待更重要。

等待机会重要，机会来临时分秒必争更重要。

很多人受到一些心灵鸡汤的"洗礼",特别在乎等待,几乎人人都会为等待和耐心说上几句赞美的话,可是对机会来临时不等待的狼性狠劲缺乏足够的认知和关注。这种情况在投资中表现得非常明显。

很多人失去与龙头发生关系的机会是因为还有一个心理障碍,总希望找到最佳的方式。比如:

成本最优

位置低点

回调之后

……

可是到最后发现,没有"最优"。为了最优,往往失去了关系本身。

所以,我认为,与龙头的关系不需要用最优的方式,相反,应该是用最笨的方式、最傻的方式。

我们必须意识到:当关系本身最优时,方式就不要选择最优。方式的选择不能影响到关系本身!

什么是龙头?

龙头就在众目睽睽之下;

龙头就在大摇大摆之中;

龙头就在街谈巷议之间;

龙头就在口口相传之畔。

要知道，你找龙头的时候，龙头也在找你！你找龙头辛苦，龙头找有信仰的人也辛苦。

人找龙头只是一时，而龙头找人一世。

真正衡量一个人的龙头信仰，不是在你找龙头阶段，而是在龙头找你阶段。龙头出现了，你——在不在，应不应，来不来，做不做。

最害怕的是，当龙头大摇大摆地在你面前晃来晃去，你却对它视而不见，甚至还到处问："龙头在哪里？"

最好的信息不一定是别人不知道的信息，而是那种已经公开的、已经被大家知道的信息。

从对历史上重大事件和重大牛股的回溯来看，最大涨幅都是其明牌阶段，而不是暗牌阶段。也就是说，一个股的利好和信息公开之后，其涨幅往往比之前还要大、还要猛。

从对历史牛股的回顾来看，很多大牛股最精彩的一段、最美丽的风景、最鲜衣怒马的旅程，恰恰是出现在它变成明牌之后的时光里。

事实是，当你犹豫要不要去做一件事的时候，其实你内心已经有了选择，只是你还没有充足的理由去说服自己。

山不向我走来，

我便向山走去。

追求关系的完美与接受方式的不完美

很多人不敢做龙头或者错过龙头,是因为一个问题:

> 总是希望龙头有最佳买点,总是跟龙头谈条件。错过了最佳,总是觉得自己吃亏了,或者说觉得自己错过了,于是又跟龙头谈条件了,诸如龙头如果不跌下来、不给我分歧、不给我舒服的买点,我就不买。

结果错过了龙头,看着它一路上涨。

其实,龙头没有最佳,我以前反复说过,**当关系最佳时,方式就不要最佳**。龙头战法要做的是强制自己以任何方式与龙头发生关系,而不是让龙头以你最佳的方式与它发生关系。

龙头与普通的股不一样,龙头是全场的流动性,是天降祥瑞,普通股则是人间凡物,一抓一大把。

对于普通股，我们必须讲条件，没有必要为平凡的事物放弃我们的原则和内心的骄傲。

但龙头不一样，遇到龙头就如同遇到白月光，我们必须放下内心的骄傲，以龙头的喜好为我们的喜好，以龙头的节奏为我们的节奏。

总之，当关系是最美妙的时候，条件和方式就可以做出让步。

为了做到这一点，必须抵制两种倾向：

1. 自觉抵制完美主义倾向

因为龙头本身不是比谁买得低、比谁买得巧、比谁买得好的游戏，而是比谁看得准、比谁有格局、比谁仓位狠的游戏。龙头不是比技法的游戏，也不是比完美的游戏。只要你在龙头身上还有谁买得更早更好的心理，那么你就会对龙头有"看法"，就会跟龙头讨价还价，最终就会错过龙头本身。

我接触过太多的人，他们口口声声地喊龙头信仰，但总是遇到龙头不敢买，其中最大的理由就是已经错过最好的买点了，或者是有人比他买得早，自己再买总感觉技不如人。这就是完美主义惹的祸。

可事实上，龙头有"最好"的买点和买法吗？

或者可以这样问：

次好的时候买龙头行不行？

错过最好，龙头是不是就没有意义了？

答案是显而易见的。

我号召大家不追求完美是不要把与龙头的关系锁定在买上，而是锁定在关系本身上。

山不向我走来，我便向山走去。

当关系本身是最优时，还要方式最优干吗？

2.自觉抵制无限度地讨价还价

你如果足够爱一个人，你是不会跟她讲条件的。

你如果足够爱一个物，你也是不会无限度地讨价还价的。

在现实中我们明白这个道理，但是很多人在龙头上就迷糊，其本质是不够爱龙头，或者没有认识到龙头是天降祥瑞。

有些人总是希望龙头给他一个符合他规矩的买点，比如再跌回来，比如给个分歧点，比如给个低开，等等。

问题是，如果龙头不给你呢？龙头接着超预期呢？你是要跟龙头的关系还是刻舟求剑？

我反复说过一个理念，如果是普通的股，我们必须讲条件，因为它没有那么稀缺。就像对关系一般的人，我们没有必要献殷勤。但是，如果是你关系最好的人呢？如果是你的白月光呢？是不是你就改变条件和要求了。

股票也是一样的。

龙头之所以是龙头，就是因为它的走势往往是以它自己的方式来完成的，而不是按照你的要求来完成的。

其实，这也就是超预期。

如果不超预期，如果它完全按照你的方式来走，它还是龙头吗？

有些人就是希望龙头按照自己的方式，而不是按照龙头的方式来走完自己的一生。

这怎么可能?

我们假设你的白月光没有按照你要求的方式和场景出现,你会拒绝她吗?你是改变你自己来适应她,还是让她来适应你呢?

明白了这一点,就明白了我曾经爱用的一个词的含义,那个词就是"香象渡河"。

所谓香象渡河,就是直奔目的,直奔本质,放弃一些没用的动作和形式。恰如大象过河,截流而过。

有人可能会问,这样做会不会买到最后一棒?

如果是刚开始做龙头,会的。

我们刚开始做龙头的时候,都会买到最后一棒。但随着我们不断深入,久而久之,我们发现这样做不但不会买到龙头最后一棒,往往会买到比较早的时候。**那种买到龙头最后一棒的,往往就是跟龙头谈条件,结果没有谈拢,最后龙头涨出了最高的价格,给出了最苛刻的条件,被逼无奈去买,才买成最后一棒的。**

最后一棒者,往往不是见龙头即买、香象渡河者,而是见龙头怀疑、反复踟蹰者。这一点,可能超出很多人的想象。

我认识很多做龙头的游资,也跟国内很多龙头选手深度交流过,我发现:龙头出现立即策马扬鞭者,往往能第一时间到达龙头现场,不讲买点反而成了最好的买点。而那种反复让龙头给自己好买点的,最后往往错失好的入场点,被逼着接最后一棒。

这其实是一种智慧!

可以叫它守拙,也可以叫它大道无术。

孤身迎敌

如果你是一个孕妇，你会发现大街上很多孕妇。

如果你带一个小宝宝上街，你会发现街上很多宝宝。

并非真的很多，只是你的观察和留心变了。

甚至精神病院里的精神病人，也会觉得这个世上精神病人真多。而事实上，只不过是很多同类病人聚集在一起形成的狭窄群体错觉而已。

物以类聚，人以群分。同类的人相聚形成群体，很容易叠加和强化认知，也很容易形成错觉，觉得天下都是某某某。

比如，三个女人如果在一起聊天，恰好这三个女人都刚刚失恋，她们互相交流之后，很有可能得出天下都是负心男的结论。

这种现象在股市中更典型。

比如，当一个人对某个股看好后，如果遇到七八个"高手"都看好某个股,他们对某个股可能从普通的看好瞬间上升为绝对看好。

而事实上,一个股好坏往往是它自身决定的,另外七八个人对它的影响微乎其微。

当然,短线人气股,其他人的看法会影响情绪。但,这个"其他人"也应该是所有想参与和已经参与的"其他人",而不是你遇到的那七八个人。

微信普及后,我们经常会看到一种现象——个股群。看好某个股的人,他们私下建立一个小群,在群内交流,不看好这个股的人,一个都不拉进来。

这样容易形成一个问题:你本来只是看好,但是一进去发现"大家都"看好,于是就"更加"看好。

而事实上,不看好的人,大千世界不同观点的人,根本就进不了这个群。

即使市场走坏了,即使个股出现了问题,由于有"大家都看好""那么多人看好"的氛围,也容易降低判断力,对新的信号,特别是市场本身的信号,视而不见,甚至负面信号当正面解读。

如何克服这种情况?

答:反着来。

> 投资最不需要的素质就是扎堆。

如果你真看好某只股票,顶多与三两个顶级高手交流就可以了,不要去"打群架",搞一堆看好的人去交流。

人多了，反而会失去独立判断的能力。

想到这里，我记得曹山石老师写过一段话，非常好，这里分享下给大家：

> 如果真的找到一个特别重大的机会，应该少与人讨论或者争论，最多和极少数几个真正的行家讨论。一般来说，重大机会的基本逻辑靠常识就可以判断。验证也最好自己亲自下手。大多数和你泛泛讨论的人群，缺乏与众不同的想象力，缺乏相信常识的能力，也缺乏挑战共识的能力。即使走势已经摆在眼前，也缺乏理性客观地认可并追随的能力。把自己的偏见当成有主见，是人类天生的缺陷。
>
> 我的结论是，对于重大机会，不发表观点避免为自己反复辩护，也不和大多数人反复讨论避免被影响。这两种行为只是为了给自己寻找一种被别人认可后的安全感，在这个领域，这种认可带来的安全感毫无价值。

曹老师的这段话，让我想起了最近看的《雪中悍刀行》，里面有一句话说得好：

"在命运面前，我们每个人都是孤身迎敌。"

在股市，又何尝不是？

真正做龙头的人，是孤独的

汉武帝时期的名将赵充国有这样一个故事。

赵充国当年主张在西北边疆屯田，很坚持自己的主张。他的主张开始时，赞成的人不过十之一二，反对的人达十之八九。后来，显现成效后，他的主张渐渐被人们接受了，赞成的人达到十之八九，反对的人却只有十之一二。

真理被人接受，总要有个过程，无论过去还是现在，都是如此。

我在想，早期赵充国一定是很孤独的。

由此我又想，孤独也许是常态。

最近做龙头股，我最大的感受就是真正做龙头的人，其实是孤独的。当龙头降临时，敢于同行的人并不多。

当然，投资流派众多，文无第一，武无第二，做投资并非一定要做龙头。

但如果以龙头为主要交易模式，见到龙头不做，却说不过去。

龙头的江湖，好者众，从者少。

很多人其实是叶公好龙。没有龙头时，到处埋怨龙头战法失灵了，没有龙头了。当龙头出现时，却无动于衷。这种情况太多了。

这些年，我见过太多的当年龙头选手，都转为小作文选手了。见到龙头，其心念和思维方式已经钝化，再也提不起龙头之刀，非常可惜。

纯粹的龙头选手，已经可以用十个手指头数个遍了。

也正是如此，纯粹的龙头者，不好找交流对象，大都是孤独的。

而孤独中，真正的宽慰也许只有一种感觉，那就是面对一个龙头：

你凝视着它，它凝视着你。

相看两不厌，存乎一心间！

真正的龙头战法是寂寞的

在武侠小说中,我们会发现:真正的英雄是寂寞的,但凡受不了寂寞、喜欢喧闹的,绝大多数都是群雄。

确实如此。

凡是经常寂寞到无龙头可做的,可能是真龙头选手;凡是满大街都是龙头在做的,大多数可能不是龙头战法者。后者眼里的龙头,很可能是群雄,而不是英雄。

中医界有个段子:刚学中医不久,会觉得天下没有难治的病,也没有难开的方子。而学中医久了,反而经常开不出方子来。并非没有方子可用,而是想到一个上乘的绝佳方子不容易。

凡是没有在开方子上苦恼过、寂寞过的,往往不是中医大家。我记得曾经看过一个中医名家的故事,好像是关于岳美中的。有一次他遇到一个棘手的病情,想了半天不知道哪个方子好,总觉得开任何方子都没有把握。后来他下班了回家翻书柜，突然翻到一页，顿时眼前一亮，暗喜地自语道：我能治好那个病了！

做股票我也经常发现这种现象，某些刚入门者，往往眼里全是牛股，而股价波动之处，到处是买点。

而真正在股市待久了的人，都会有一种感慨：找到一只好股票真不容易呀！

龙头战法尤甚。

因为龙头的稀缺性远超其他股。

就拿 2022 年来说，从春节到现在，真正意义上的龙头也就是那么几个，但很多人一个星期就不只选出那个数目。

选出那么多也无可厚非，但非说这些是龙头，那就是自欺欺人了。

当然，那就看你怎么定义龙头了。如果把江南七怪定义为龙头，整个江湖皆是龙头。如果把王重阳定义为龙头，或者至少把五绝定义为龙头，那整个江湖该多寂寞呀。

张无忌刚出道遇到朱九真，就以为女神下凡，而我却以为，当黄衫女子登场时，整个江湖才真正可以谈论女神。

今天，龙头一词满天飞，而真龙头又有几个？

真龙头，应给你那种曾经沧海难为水、五岳归来不看山的感觉。

而如过江之鲫的连板股，哪里能轻易说是龙头？

没错，龙头往往喜欢连板，但连板的至少 90% 以上不是龙头。

很多喜欢把龙空龙挂在嘴边，如果真的是龙空龙，那得是喜欢寂寞的呀。没有寂寞感，哪来的龙空龙？我见过太多自诩为龙空龙的人了，有的真的是真龙选手，但大多数只不过是热衷殷野王、韦蝠王之群雄罢了，连灭绝境界都没过，遑论张三丰、张无忌。

当然，我并非说一定要是龙头，非龙头就不能做。八万四千法门，任何一只股票，任何一种方法，如果深入骨髓，都可以摘叶成剑。但如果要做龙头，就应该把审美定高。

群雄就是群雄，英雄就是英雄。

当我把九安医疗、顺控发展定义为龙头后，我很难接受把一些补涨股定义为龙头。因为它们实在不是一个物种。

朱九真怎能跟黄衫女子相提并论？

当然，我不反对做普通股，但做普通股的时候，我会告诉自己，这是普通股，是套利来的，不是龙头。

虽然套利也能赚钱，但会精神上寂寞。

恰如《雪中悍刀行》里老黄，除了去跟王仙芝打一场，其他胜利再多也终归寂寞！

任何一个真正的龙头战法选手，其实都应该是寂寞的。

观念

人类最大的进步是什么?

是观念的进步!

是看问题的眼光和价值观跟以前不一样了。

其实投资也一样,一个人投资路上最大的进步,就是维度突破和观念创新,并不是那些业务层面的精益求精。虽然很多人最渴望的是眼花缭乱的精益求精的术,但对不起,那并不是最要紧的。

当然,我从不轻视术。在战术上,我可以做到毫米级别的分享。不信,你们去打开我的《香象渡河》看看,看我如何从战术和细节上深入浅出地分析"仙人指路",可以说那是迄今为止关于仙人指路最详细、最细腻的战术文章。

但后来我就很少分享那种类型的文章了。为什么?主要是我发现,如果思想武器不过关,很多人根本驾驭不了战术,反而会陷入战术的泥潭不能自拔。

很多人以为是买点和技巧的问题，但根子里根本不是那回事儿。

反复思考后，我明白了：

> 战术模型的创新不是一个人最大的创新和突破，观念和思想的创新才是。

所以，我的大量文章都聚焦在观念上。

什么是观念？

我讲个真实的故事大家就明白了。我认识一个大佬朋友，他跟我说，有一次他在书店看到一本书，就在他瞥到那本书名字的瞬间，他说，仅仅看到书的名字，他就觉得值了。因为那个名字就是一个观念的创新。

这让我想到有的科学家仅仅提出一个猜想，甚至仅仅提出一个概念，就让那门科学有了巨大进步。为什么？因为他改变了后来者对那个领域的研究角度。

今天，我们专利保护领域，据说还有保护"想法"的专利，也就是说，有些技术实现起来本身并不难，但是能够有那个"想法"，能从那个角度去"想"反而很难。

人类的很多进步，其实都是观念先突破，然后才有行为突破。观念革命要比业务层面革命重要很多。

很多人根本不明白什么是真正的创新，什么是最大层面的启发，也根本不明白我用心写的文章应该怎么去用。总是盼着所谓的干货，而不知最大的干货就是观念的创新。

战术层面分享是干货,难道观念层面思考就不是干货?不,那是更大一个层面的干货。因为,观念的革命,才是最大的革命。

不同层面的痛点,需要的东西不一样。当你的痛点足够大时,战术层面的突破一定是无法解决的。这个时候,观念突破才显得很重要。

体验

很久以前我就注意到一个现象：有的股每次买都赚钱，而有的每次买都容易亏钱。

我记得在《龙头、价值与赛道》和《龙头信仰》中，都写到这种现象。当时我举的例子是中国中车。记得在2015年的时候，我每次买中国中车都赚钱，任何一次交易中车，都没有在它身上亏过，以至我把中国中车当成福气股，遇事不决，买中车。

还有几个股也是这样，比如茅台，我每次买它也都赚钱，2021年的三峡能源、小康股份和江特电机也是，我任何一次交易它，都会在它身上赚钱。

而有些股则相反，每一次买它，都亏钱。

很奇怪。

我想诸位也可能遇到过这种现象。

我曾经用八字相合来解释这种现象。

有人八字缺水，那么买带水的股票就容易大赚。有的人八字缺火，那么买带火的股票，比如煤炭和火电，则更容易赚。如果八字相克，比如有人喜欢火，偏偏总是买带水的股票，就比较容易亏了。

我有一个朋友，喜欢买埋在土里的股票，比如稀土、锂矿；还有一个朋友，只买金融股；曾经有一个大学老师，只买科技股。

这种买法，我不知道他们是不是合过八字。好像香港那边有一些券商，比如里昂证券，就专门有专家从这个角度来分析市场。

我们换个角度，不从八字上看，从龙头上看、从龙性上看。

很早之前，我就反复做九安医疗，那个时候还是第一浪。一个朋友问我为什么反复做它，当时我就说：这个股跟我有缘分，我每次做它都赚钱。

其实第二浪的时候，我心里也是这个念头。当时很多股的第二波启动比它更早，比如陕西金叶、中锐股份，但我偏爱九安。

虽然有很多价值、股性等理由，但我内心总有一个声音：既然前几次做它都赚，那么这次来个行情，我当然会毫不犹豫地做它了。

诸位，你们知道这是什么吗？

这是持股体验！

曾经跟它战斗过，体验过它的性格与好，当再次出征时，当然愿意再次选择它。

如果你总是做某个气质、某个类型的股，你也会慢慢积累这种体验。

很多人，总是将总龙头作为观赏、研究的对象，甚至作为参考指标，往往看着龙头做其他。如果你也总是这样，你永远无法在总龙头上获得体验感，更无法建立亲近感和信任感。

哪怕你对龙头的每一步看法都是对的，你也无法体验到持股的感受，更无法体验到当龙头波折时，你的内心是牵肠挂肚还是泰然自若。

这就是我在《龙头、价值与赛道》里写的，一定要强制自己与龙头发生关系。

凡是没有发生过关系的，无论你看得再对，顶多是看客。

只有当你跟它发生过关系，你才真的了解它，才能建立体验感。

看过和做过，完全是两回事儿。

持有它、做过它、在它身上赚过钱，就会拥有一种无形的持股体验，这种体验就是每当市场来行情，不自觉地就把眼神瞟向它。

一个好股之所以是好股，就是因为它反复让你赚钱。而一个反复让你赚钱的牛股，你一旦做顺手了，每次做它，也都会有惊喜。

这种互相成就、彼此呼应久了，就会形成正循环。这种正循环也可以用八字相合来解释。

但我更愿意用总龙头的优势来解释。

总龙头是天选之股，具有无限流动性，只要符合某个买点，它的成功率总是出奇地高。

即同样的买点，同样的模型，用在龙头身上，其性价比要比用在其他股身上好很多。

这种认知不是简单的理性总结，而是长久以来我对龙头最大的体验。

这种体验还告诉我,什么股与我们八字最相合。

就是那种能让我们反复赚钱的股。

而那种无法让我们赚钱的股,伤害一次还不够吗?

所以,凡是能让我们赚钱的股,我们反复去做,反复与它发生关系。而那种无法让我们赚钱的股,一次就够了。

下次,没有再见。

精力和情感,应该全部倾注在龙头上。

最好,次次见!

炒股的"四重境界"

炒股层次不一样,境界也不一样。把股票炒好,至少应该有四个优势,或者说四个领先。每个领先,都代表着突破了那层境界。

一、技术境界

技术优势所达到的境界是指在技术、方法、硬知识方面要超过其他人,能够在基本功上"技压群芳"。

因为股市是零和游戏,扣除税费甚至是负和游戏,这就注定了 100 个人只有三五个人赚钱,你怎么保证你就是这三五个人呢? 至少你应该在技艺上超过其他 95 个人,形成技术优势。

这里的"技术"并非仅仅指技术分析,而是指炒股的所有基本功、硬知识,比如:什么是周期股,什么是非周期股,怎么理解周期;怎么看市盈率;怎么给公司估值;怎么做仓位风控;等等。

如果你是技术类选手的话，当然它也包括技术分析，比如：如何看 K 线，波浪理论怎么用，换手率怎么理解，成交量在不同位置有什么意义，缺口的价值和意义，等等。

随着时代的发展，你还必须与时俱进，理解博弈和情绪，理解情绪周期，知道如何识别身位龙，如何做接力，如何识别套路庄，懂得不同游资、不同席位的不同套路，等等。

总之，技术优势就是指在基本功上，你至少要超过 95% 的人，这些东西一点都不能马虎。

技术优势也是所有炒股人的必备条件。我见过很多朋友，连一点技术优势都没有，就天天骂股市，骂上市公司，骂这个骂那个，其实这是不公平的。一万小时定律是谁也绕不过去的。如果连技术优势都没有建立，连勤奋和学习关都没有过，任谁都帮不了你。

技术优势拼的是勤奋，是态度，并不是拼智商。正常的人，只要勤奋，善于学习和总结，应该能建立一定的技术优势。

那么，有技术优势就一定能炒好股吗？

过去可以，或者说过去很多股神都是靠技术优势积累第一桶金。但现在不行，因为现在竞争很残酷，仅仅是技术优势，顶多能保证你活下来，或者小富。如果想出更大成就，还必须有下面一种优势，达到更高一层的境界。

二、信息境界

信息境界就是信息优势，就是别人不知道的你知道，别人晚知道的你先知道，别人知道得浅你知道得深。

有人说，这不是搞内幕吗?

非也！

当然通过内幕能获得信息优势，比如去年的王府井免税牌照，大豪科技被二锅头借壳重组，某公司10送10前被人大量买入，等等。

但内幕方式获得信息优势太低级，无法作为盈利模式，而且非法。我们这里讲的信息优势是指：

深度调查与研究；

信息加工与信息联系；

人脉与圈子，包括资本圈，更包括实业圈、产业圈；

订阅研报、付费资讯。

我认识很多大佬，其信息优势大多数是通过上述几种方式建立起来的。需要提醒的是，很多炒股不久的人特别依赖技术优势；而炒股有些年份、资金量大的人，就特别注意信息优势了。因为术已经无法承载体量。

这里还要反复申明的是，信息优势很多也是通过勤奋建立的，比如大量阅读上市公告、新闻、研究报告等。

其实，信息优势很大一部分是我们自己储备了多少信息，并非所有的信息优势都是最新的信息和新闻。当然，最新的信息和新闻我们绝不能忽视。

那么，经常拥有技术优势和信息优势，是不是就一定能成功？基本是。至少是股市的赢家。

但如果要再前进一步，还必须进入第三层境界，建立第三种优势。

三、哲学境界

哲学境界，也叫思想优势的境界，或者叫认知优势的境界、理解力优势的境界，它是投资的软实力。

同样一只股票，大家技术差不多，同样一种估值体系，同样一种技术分析方法，获得的信息差不多，为什么有人看高一倍，有人认为有泡沫呢？

这就比拼理解力了，或者比拼各自的投资哲学。

这个东西说起来比较虚，但是很致命。

哲学优势是凡人和大佬之间差异的根本。个人通过努力、勤奋以及乐善好施，能获得技术优势和信息优势，建立良好的人脉圈、信息圈，但是如果缺乏哲学深度的加工，再好的硬件条件，也无法助其成为人中龙凤。

这往往与对人性和市场的深刻理解有关，也与个人的独特经历有关，还与阅读量，特别是内涵深刻的著作阅读量有关。这个优势往往靠沉淀，靠眼界。

如果能做到拥有哲学优势，就是人中龙凤了，基本上就能呼风唤雨。但投资还有最高一层境界，那是什么呢？

四、最高境界：性命境界

性命境界是指股市里的性命双修。

性命双修本来是道家词汇，性乃指精神世界，命乃指肉身世界。我这里引用过来，是指性格、运气、福报以及品行修为。

投资有时候还与个人的秉性、性格、习性有关。有人就是急躁，有人就是受不了波动，有人就是嗜赌如命，这些东西肯定影响投资业绩。这些东西是先天带来的，后天能不能弥补，那要看修行了，或者说看福报。

何为福报？品行和修为自然的结果就是福报。

一个人超越了金钱，办事情多想着社会和别人，总会有福报。现在不报，将来报。今生不报，来生报。

投资做到最后，就是修个人的福报。

如果只想着自己，那么无论如何，也是达不到最高境界的。投资做到最后，和其他行业的巅峰一样：心系天下！

尽量让自己的思想和行动，对别人有益，谦卑，慈善！

以上，就是我理解的炒股的四重境界。要想把投资做好，纵使无法要求自己达到最高的第四层境界，但至少要达到第一层境界，获得足够的技术优势。如果连技术优势都没有，技术关都没有过，尽量不要在股市里混。因为这里是一个零和游戏的战场。

即使有了技术优势，也不一定能成功，因为后面还有人有信息优势。

即使你有了信息优势，甚至建立了哲学优势，也不要骄傲和满足，因为你从股市里获得的财富越多，意味着上苍交给你的使命越大，责任越大！

搂底浆

最近看《功勋》,最有感触的是袁隆平篇,印象最深刻的是袁隆平时常挂在嘴边的一个词:搂底浆。

当千辛万苦找到一个神奇的雄性天然不育株时,袁老惊呼:搂到底浆了。

当栽培的种子被救下三株时,袁老感叹:搂住底浆了。

教育学生的时候,袁老反复说:做人要搂底浆。

同事朋友沟通的时候,面对客套话,袁老说:要搂底浆。

研究问题,面对千头万绪,袁老还是说:搂底浆。

搂底浆可能是一个方言,但这三字在袁老那里,就是做人的原则、做事的原则。

其含义应该是挖掘本质、根源、真理、根本规律、最底层的东西。但这些词都不如搂底浆听起来有冲击力,特别是从袁老嘴里说出来的时候。

这部电视剧详细讲述了袁隆平研发杂交水稻的全过程，看完后让我思考良久。

杂交水稻要研究成功，需要天缘，即老天要赐给你一个最强大的"野种"，即雄性天然不育株。但这个野种哪里去找？大家不妨脑洞大开，去想一想，全国那么多稻田，每亩稻田那么多稻穗，你怎么从无限的稻穗中找到雄性天然不育株？

所以，一些科学家说，做杂交水稻研究，需要天缘。就是在穷极所能去找的时候，老天赐给你这个缘分，让这个最好的雄性天然不育株出现在你的视野里。

袁隆平早期最重要的事情就是去找这个雄性天然不育株，这就是为什么我们看到袁老的照片，他喜欢带上个放大镜，因为需要用放大镜去田间一株一株地看。

为此，袁老的手臂得了严重的皮肤病，因为接触了太多稻谷，被花粉严重刺激。可见，这背后的工作量有多大！

但袁老坚信，一定有一株稻谷在等着他。这是信念，也是直觉，更是意志。最后，这个雄性天然不育株终于被袁老被找到了，于是就有了本文开篇所写的袁老惊呼：搂到底浆了！

你如果以为就此事业大成，那就太简单了。那个时代，恰逢各种运动，还有身边人嫉妒，袁老用那个雄性不育株栽培的稻田，曾经在一夜之间被破坏分子连根拔光。

但最强大的基因之所以最强大，天缘之所以是"天缘"，就是超级神秘的生命力。最后袁老在井里面找到几株被破坏分子扔掉后还幸存的秧苗。我们可以认为，最后的这几株秧苗是天的意志，是强大生命力最不屈服的表现，也是物竞天择自然的筛选。连根拔起后，别的秧苗都泡在水里烂掉了，就那几株还活着，岂非天意乎？岂非生命力乎？

接下来，还有很多曲折，但最终袁老成功了。整个过程比我文字描述的复杂得多。我不是学生物遗传的，也许我描述的过程有硬伤，但从大体的过程中，我看到了科学的不易，也看到了伟人的不易。

寻找、发现、培植、磨难、破坏、天选、反复，最后成功！

当然，你也可以把他看作励志故事，但这个过程之所以能坚持到最后，就是袁老的价值观：做人做事要搂底浆。

也许换一个人，就坚持不下来。或许，换一个不够搂底浆的人，老天也不会把这个天缘给他。

所有做研究、做大事的人，仿佛都有用自己的精神感动天地的一面，而天地也似乎在用自己的方式去选择能承担它使命的人。

世有非常之功，必待非常之人！

我们常常都在想做非常之功，做生意成为企业家，炒股成为股神，但我们首先应该想一想，自己是那个非常之人吗？

能搂底浆乎？

前提

我发现一个现象：很多人做股票，无论是追高还是低吸，都喜欢按照"模型"来做，按照"绝招"来做。

比如，龙头上涨中的首次分歧，可以买入；
比如，龙头不惧调整，每次调整都是买入的机会；
……

诸如此类的东西，有的以大 V 和游资大佬背书之后的金句形式来传播，有的甚至形成了定律和格言。

于是乎，我见过很多人每次都按照这种"定律"来无脑做股票。

比如：某只股分歧了，大胆买入，结果第二天跌停；某只股调整了，给自己壮胆不怕，结果第二天大幅低开，完蛋了；等等。

为什么?

原因当然很多,其中最本质的就是所有这些东西的使用,都有"前提"。你如果不去死磕前提,而是直接当结论和定律来用,会很受伤。

有人会问:有哪些前提?

我们先不说有哪些前提,我们首先强调,能有"前提"意识,能够高度重视"前提"、死磕"前提",本身就是一种极其重要的价值观和投资心态。

菩萨畏因,众生畏果。

对前提的追问和一丝不苟,要比所谓的"知行合一""头铁"重要得多。上述提出的那些问题,都有一个极其重要的前提,那就是:你得是龙头。

分歧介入也好、首阴也好,这里面最大的前提是你得是龙头。如果你不是龙头,根本没有这个资格谈首阴,洗一下盘就能把你打趴下。

说到这里,又回归一个最根本的问题:龙头是谁?

我们不正面回答这个问题,因为要回答龙头是谁,需要若干篇文章,需要多年的实战经验,并非三句话能够说清楚。如果感兴趣可以去看我的历史文章以及书(特别是《龙头信仰》这本书)。

今天我们从反面去想,有时候,虽然我不知道谁是龙头,但我一定知道谁不是龙头。

因为它明明白白的是补涨、是后排、是跟风,如果你已经很明白,它就不是龙头,那么你再去跟它谈分歧、谈首阴,你觉得它会成功吗？

龙头战法流行了很多年，不同的前辈和高人留下不同的金句、格言，散落在不同的帖子和论坛上。其实它们都有前提。有时候是这些大佬没有写明白前提，有时候是把前提散落在其他段落和语句中。作为使用者，我们必须死磕前提，须臾不可大意。

古语有云：

> 君不密，则失臣，臣不密，则失身。

说的是什么意思呢？

皇帝如果办事情不周密细心，则可能失去大臣的拥护，失去人才；而如果大臣办事不周密，那么可能会失去性命，特别是在伴君如伴虎的君臣关系中。

我第一次看到这句话是《大染坊》里面，家驹他爹对小六子说的。其实，我们面对市场也要有这个心态。

各种游资大佬也好，各种"定律"格言也好，如果它流传的时候，没有说明前提，没有周密，顶多失去粉丝和受众。但作为操作者，如果不把其中的"前提"找到，不去把事情想周密，可能"失身"——金钱和财富的损失。

在各种投资理论、投资模型以及战法中，估计没有几个人有我这样对前提这么在乎。大家看我在《龙头信仰》一书中，对龙头都设置了多少前提。为什么这样？因为不希望给大家带来前提上的"不密"。前提太重要了！

有太多的人，只要见到连板的股，不加识别就定义为龙头，然后就去用所谓的分歧战法、首阴战法。

请问：谁告诉你连板就是龙头了？

当然，这与数板战法和自媒体的流行有关，与舆论的引导和利益有关。有人买了某某股，只要连板，就广为宣传是龙头。可事实上，它们只是情绪股而已。

要成为龙头，你至少得过群雄关，至少是个英雄。

所谓英雄，你得九死一生，你得多一条命。

所谓英雄，至少不能是颜良、文丑。

如果没有，不要轻易定龙头。因为这一定，就是给接下来的操作下定了"前提"。

而前提，是操作的根本。

其实，本文的重点，以及我的初心，还不是谈龙头，而是以龙头为例，谈交易的关键其实不是模型和操作，而是对"前提"挖地三尺的考量。

不要见到什么就一股脑冲进去，凡事要问：它有"前提"吗？

我对钻石不感兴趣，我只想看它戴在你手上

我在一部电影中曾看过这样的剧情：

男主送女主一颗鸽子蛋一样的钻石，女主看了很开心。于是问了一句："你喜不喜欢这颗钻石？"

男主说："我对钻石不感兴趣，我只想看它戴在你手上。"

女主听完，甚是感动。

那时我阅历尚浅，对人生很多事情的理解只局限于事情本身。现在想来，这句对白说的何止是情感本身。

钻石确实是宝贝，但很多女生不知道的是，大多数男生可能并不喜欢钻石，他之所以买来送给你，只是因为他喜欢你。

如果换个他不喜欢的女生，哪怕身上戴着绝世的钻石，他都未必

会正眼看一下。

也就是说,真正让男人迷恋的是人,而不是钻石这种宝贝。

这个道理人人都能从情感的角度体会到,也很容易理解,但换个角度,很多人可能就会犯糊涂。

比如在股市上,很多人魂牵梦萦的"宝贝"是什么?我想大多数人的答案都是"绝招",比如某个独特的买法、某个秘而不宣的指标、某个一剑封喉的模型等。

我非圣贤,我当然也渴望招式和战术的技压群芳。但我总是认为,所有的绝招都不能称为"至宝",都不是最高境界。

沉迷于招式最多能达到"见招拆招"的"指玄"境界,无法达到"无招胜有招"的"天象"境界。只要招式还被奉为圭臬,就无法进入"天地共鸣"的天人感应之境。

这么说可能比较玄,那我就通俗地说吧。

任何招式,只要它还以"招式"的形式存在,它都是解决某个具体问题的。如果问题的对象选错了,或者说"某个具体问题"没有太大价值,那么招式本身就没有了价值。但如果沉醉在招式里,把招式本身看作至宝,就有可能为了招式而出招。也就是管理学上说的,手里拿个锤子,到处都想去找钉子。这就是我前面说的"见招拆招"。

这种情况下,招式越是登峰造极、臻至化境,越有可能被招式绑架。

比如,有人学了弱转强,太喜欢这一招了,见到华丽的弱转强就想出手。

比如,有人学了仙人指路,积累了大量的细节案例,痴迷其间,到处在市场上找仙人指路的图形。

比如，有人喜欢均线回踩，喜欢支撑位，喜欢低位低吸，刻苦练习其中奥秘，然后见到此类的机会就想出手。

诸如此类。

这种做法在很多人看来，是勤奋和努力的表现。但很多人都忘了一个最大的问题：这些都是在"法"上努力。

如果股错了，这些法还有什么意思？

或者说，如果股不值得，那么这些战术还有什么值得的？

这个境界层面上的努力，顶多让人不亏钱，但要想大赚，一定是在正确的股上去做。

我不否认法本身也有高下，也有绝密性和技巧性，也是至宝，但这种至宝必须不能"喧宾夺主"，不能影响到股的正确。或者说，只有在股票正确的基础上它们才能发挥威力，才能天地共鸣。

这个道理既容易明白，又难明白。

说其容易明白，就像本文开头的电影剧情一样，再宝贵的钻石也要看谁来戴。戴在心爱的人手上才值得去看。如果你不爱她，你哪里会管她手上的钻石多宝贵。

重要的不是珠宝，而是人。

但这个在感情世界很容易明白的道理，一到股市上，很多人却犯着同样的错误。再好的战术和法，也要看在什么股票上。

如果某只股票价值已经被证伪，明明白白地开始呈下降趋势，你非要去看某一天有没有仙人指路干吗？

对于一只毫无吸引力的股票，你非要去看它回踩到均线了没有干吗？

如果某只股票明明白白地竞争失败，明明白白地证明它不是龙头，你非要用你的战术去在它身上低吸追高干吗？

说到这里，大家就明白了，我想表达意思是：再好的宝贝，无论是绝世的钻石，还是绝世的招式，如果离开了它的"主人"，都意义不大。

是主人的身份，决定了宝贝的"人间值得"。

绝招、模型、买点、战术，这些东西最大的价值，就是找到一只轰轰烈烈的股票，在这只股票上翻云覆雨，与这只股票天地共鸣。

如果股票本身不值得你留恋，那么，招式越绚丽，越容易出问题。因为招式会"绑架"你去耍一耍。

我写本文，就是希望能警醒大家高度注意这个现象。

我们交易的是股票，而不是招式。我们爱的，理应是某只好股，且是它的主升浪阶段，而不是某个招式。

我理解很多人总结一招半式来之不易，有的招式甚至屡试不爽。但，这些招式再好，都不要把它放到最高境界去"供养"，它只是工具。而且，这些工具只有在正确的股票上做，才能发挥它的威力。

同时，更应该警惕招式如果过于华丽，会绑架决策，会让我们为了招式而进行交易。这个时候，应自觉抵制招式本身的诱惑。

投资的最高境界是无情。这个无情，首先应该表现在不与花招"谈恋爱"，无论这个花招怎么宝贝。

我们交易的是一只绝好的股票，或者绝好的机会，而不是绝好的招式。

这就是我写本文的初衷。

对了，行文至此，我想起本文开头讲的那个电影了，那是汤唯和梁朝伟主演的《色戒》。

如果把钻石比作投资中的招式，有人可能奉为至宝，但今天我却要说，比起选股来，我对它不感兴趣。

如果说我喜欢它，那一定是因为它恰好出现在正确的时候、出现在正确的股票上。

我们爱的是人，而不是钻石；投资的是股，而不是招式！

切莫本末倒置！

注

我见过太多的人，每天在市场上寻找符合他买点的股票。如果股票具有核心地位，还能理解，但是有的股票明明是套利股、是价值证伪股、是情绪用尽股、是药渣股，这样做就值得反省了。

我不反对在战术上努力，我也是喜欢研究和总结各种模型的人。但如果大的方面不对，这种模型给我带来的伤害远远大于受益。所以，我更能感受到什么才是股市里真正的宝贝。

那就是战略的正确、大局的正确、谋势的正确、选股的正确、主升区的正确。

如果没有这些，仅仅看模型、招式，甚至仅仅看盘口和分时图，结果一定得不偿失。

有感于此，我写下本文。也许本文有点用力过猛，矫枉过正。一副药肯定有偏性。偏性，也就是它的药性。

归因：唱歌跑调其实是耳朵的问题

我听过这么一段相声：

逗哏："唱歌跑调不是嗓子的原因，是耳朵的问题。"

捧哏："嗨，听着新鲜，为什么呢？"

逗哏："耳朵不好，听力有问题，接受不到正确的旋律。按照自己接受的残缺旋律去唱，于是就跑调了。"

最开始，我把它当成段子去听，就是一乐。

但随着时间的流逝和阅历的增加，我发现这不是笑话，这是真理！

前段时间，看一个大佬分享他的东西，他说他有段时间发现自己卖得不好，于是刻意去练习卖。结果练习了很久，收益率也没有太大变化。后来反复思考，发现问题不是出在卖上，而是出在买上。

什么意思？

大佬接着说，那些让他卖起来很不舒服的股，是本来就不该买的股。也就是说，如果股票买错了，会反复去琢磨着怎么卖，结果还赚不到钱。

于是他又开始重新在买上努力，提高买的质量，结果很多卖的问题就自然解决了。

我自己也有类似的经历。早些年，当交易出现问题的时候，总是在某个地方打转，总觉得某个细节没有处理好。

后来某一天突然弄明白，问题根本就不在那里，换个维度思考，问题马上解决。

比如，很多买点出错，问题不是在买点上，而是在选股上。

比如，很多股票亏钱，不是因为追高，而是因为不敢第一时间追高。

比如，低吸失败不是吸得不够低，而是把情绪股当成龙头来做。

凡此种种，其实都应该从归因上去思考。归因问题对投资的重要性无论如何强调都不为过。

至今，我都清晰地记得自己手拍大腿的情形，悔不该在一些错误归因的弯路上浪费时间。

我们研究股票，都喜欢去总结原因。比如某次成功了，原因是什么；某次错了，原因是什么；历史上出现哪些牛股，经验教训是什么。

表面上看，这样没有问题，但仔细深究，这里面藏着一个巨大的陷阱和漏洞：

归因能力！

不同境界和维度下，归纳出的原因和结论可能五花八门，甚至大相径庭，也有可能完全不同。

很多人遇到问题，总以为自己勤奋不够，细节没有处理好，其实根本原因很可能是归因方向错了。

不要用战术上的勤奋来弥补战略上的错误。

那么，我们该怎么匡正归因呢？

我认为，有两个途径：

第一，现实刺激。当你认为什么是真理或者是原因的时候，但现实不承认，操作的结果总是事与愿违。这个时候，你不要总是怀疑自己的勤奋，而是要怀疑你是否一直在错误地归因。不仅仅要改变细节，而是要改变维度。

第二，外力碰撞。现实刺激能够让人觉醒，但顶多是让人放弃旧细节和旧归因，无法保证新的归因能力的到来。这个时候，外力的碰撞就成了必然的选择。不知道大家有没有一种感受，就是无论你读多少书，看多少高水平的文章，只要是你一个人静静地"吸收"，结果你还是原地踏步，总是在自己的圈子里打圈。因为，一个人无论看什么，总是看他认为"有道理"的东西，或者"愿意看"的东西。那些他认为"错误的"东西，他会自觉屏蔽，或者视而不见。但跟人交流的时候就不一样，别人不会刻意迎合你。人的很多进步，其实在于"听"，在于"现场"，哪怕是抬杠。

人最宝贵的是"听"到不一样的观点，"看"到不一样的东西，而且你还无法屏蔽。

我建议多去找比自己水平高的高手去面对面交流，这要比看文字性的东西有用得多。

不知大家有没有这种感受，就是在唱卡拉 OK 的时候，有人明明唱得不好听，但他总是自我感觉良好，陶醉在自己的"旋律"里。

如果你不指出他跑调，他一辈子都以为自己很好。

这其实不是嗓子不好，而是听力不好。

这种情况如果发生在唱歌房，伤害的仅仅是听众；如果发生在股市，那伤害的就是自己的真金白银了。

所以，走出来，多听听不同的声音，多面对面跟一些高手交流，读万卷书，行万里路，让自己化茧为蝶，脱胎换骨！

归因：凡是基于眼前得失做的归因，都没有未来

看历史剧的时候，经常看到皇室斗争失败的一方说：

下辈子别生在帝王家。

好像失败的原因是投错了胎，什么无情最是帝王家。难道生在下层穷苦人家就安然无恙？

事实上，下层的苦难和命运的多舛，比上层多得多。

黄河泛滥、洪水滔滔的时候，
蝗虫灾难、颗粒无收的时候，
兵匪祸害、强盗横行的时候，

饥荒来临、食不果腹的时候……

受苦受难最多的，永远是下层的穷苦人民，而不是帝王家或达官显贵。

所以，才有诗人写道：

兴，百姓苦；亡，百姓苦。

而帝王家族和达官显贵因权力斗争带来的杀身之祸，比起民间的疾苦，其概率也不知道要小多少。

其实，熟读史书后，我们会知道，身为帝王或者达官显贵，在权力角逐中杀身的，毕竟是极少数，更多是那个王爷、这个贝勒，那个公主、这个驸马锦衣玉食。而穷苦的下层人民，那苦难就多了去了。

那为什么还有"下辈子再也不要生在帝王家"的"教训"呢？

答：无他，归因错误而已。

论起杀身，老百姓非正常死亡的概率要高很多。而帝王家族的杀身，更多的是参与皇室斗争，并非身份本身。

参与皇室斗争被杀身，其"归因"应该是"斗争失败"，而并非那层身份本身。

这是一个典型的归因错误的案例。我在这里举这个例子，是通过大家喜闻乐见的宫廷剧，来说明很多人常犯的一个错误：归因错误。

就是一件事情失败了，或者成功了，总结原因的时候，往往会去感性总结，而不通过严格的逻辑。

这个问题不但普通老百姓容易犯，精英大佬也经常犯。

君不见，某些成功的企业家总结成功的时候，总是说自己多厉害多厉害，好像他的成功没有一点运气成分和时代背景似的。每当这个时候我就想问：你把他扔到非洲试试？或者，你让他重复一下自己试试？

所以，张瑞敏说，没有成功的企业，只有时代的企业。

但很多人总结原因时候，常常陷入"庸俗成功主义陷阱"：只要结果对了，好像所有的过程和方法都是对的；而一旦失利和失败，又把过程中所有的方法和流程打为错误。

这其实很不对。

举个简单的例子大家就明白了。

一个人瞎蒙一只股票，有时也会赚钱。难道"瞎蒙"是对的方法吗？我就有个深圳的朋友，有一次开车经过深交所门口用手机下单买股票，当天股票涨停了。他后来总去深交所门口下单。还有一个朋友因为带着某位女秘书去调研一个公司大赚，后来就天天带上女秘书去调研。

荒诞吧！

当然，这只是很容易理解的例子，不过，我们从这些哭笑不得的例子中，经常会看到一种常见的错误，我把这种错误叫"归因错误"。

股票投资之所以难，有一个重要的原因就是很多人经常在"归因"上轻率、庸俗和功利。

只要成功了，只要某个股变成龙头了，好像所有的决策过程都无懈可击，全部正确。而如果买了某个股失败了，好像所有的决策都一无是处。

其实，如果不急于下结论，而是等到一个月，乃至半年一年后再去归因和总结，一定会发现赚钱的交易也可能藏着错误的方法，只是当时运气好而已；不赚钱的交易、失败的投资，也并非一无是处，可能在某些地方已经突破，只是没有"全功"而已。

若能理解到这个层面，一个人的"归因"能力就跳出了狭隘的"个例总结"，跳出了情绪化、肤浅化的"表层总结"。不会因为一个案例的成败，就否定或者肯定大多数个案例提炼出来的定律。

关于这个方面，我也经常跟很多机构和游资朋友交流。再厉害的操盘手，面对变化无常的市场，也会有失手的时候，但他们失手之后，不会轻易否定自己恪守的规则和价值观。

有时候，失手不但不是因为某个东西，而恰恰是因为没有坚持某个东西。如果因为失手和某个东西同时存在，就轻易把某个东西否决掉，那像把洗澡水和孩子一起倒掉一样。

有些规律和心得体会，是我们辛辛苦苦在若干个年头里从若干个案例中反复推敲提炼的，它的价值超越单个案例而存在。

某些时候，即使我们失误了，如果静下心来仔细一想，往往是因为我们没有早点坚持它，甚至早一天坚持它，而不是它本身出了什么问题。

这些东西包括，但不限于：

> 如果我们要出手，尽量去做龙头。不能因为龙头也会跌，就放弃龙头而投入杂毛的怀抱。不信，你去看看跌幅榜，后排跟风的更多。

如果我们要出手，就尽早去做龙头。不能因为做了后手，就否定龙头本身。不信，你用后手做杂毛试试，可能跌得更惨。很多时候是节奏错，后手错，而不是龙头错。

如果我们要出手，就尽量独立思考。不要成功了就沾沾自喜，都是自己悟的道；失手了就做巨婴，把责任推给别人，说"总有刁民误导朕"。

前几天看到一句话，是这样说的：凡是基于眼前利益做的决策，都没有未来。在这里，请容许我稍微改动一下，作为本文的结尾：

凡是基于眼前得失而仓促做的归因，往往没有未来。

因为你的内心没有超越利益和时空而超然存在的定律和价值观！

不是"原因"的原因

经常看到这种情况:

某只股暴涨或者暴跌,大家去找原因,找到一个所谓的公认的"原因"。但这个"原因"又很快被澄清、被证伪。

于是,有人说,"原因"没有了,就不用担心了。

但没有想到,第二天继续,该暴涨暴涨,该暴跌暴跌。

为什么?

人家不是澄清了吗?下跌的"原因"没有了,怎么还跌?

当然,解释有很多。

但我认为其中有一个最重要的,那就是:

找到的原因不是原因。

涨跌形成价格趋势以及导致的悲观或者乐观本身,才是最大的原因。

一句话：价格本身的连锁反应，才是原因。

价格的惯性、价格形成的趋势、价格带来的情绪变化才是原因，而不是基本面。当然基本面也是原因，但此时此刻不是最主要的原因。所以，当股价剧烈变化的时候，你以为基本面没有变，或者基本面澄清了，股价就不再继续下跌了？

非也！

因为价格的惯性和连锁反应没有消失。这才是原因。

这就涉及归因学思考。

一件事情，当你找到一个不是原因的原因去解释的时候，就容易自我麻痹。

我也曾经有过这种惨痛的教训。

某个月，某个特效药股价开始破位下跌，很多人找到的"原因"是说特效药研究失败，我则通过研究觉得这个"原因"不存在，它的特效药研究没有失败。于是我狠狠地"驳斥"了对方，并拿出证据。

没过多长时间，"事实"证明我是对的，该公司公告特效药研究成功。

但股价跌得很惨。

我赢得了"事实"，但输了股价。

为什么？

就是一开始大家的讨论把我带入一个错误的归因维度：股价破位与特效药研究成败的关系。

其实，那个时候特效药赛道已经走下坡路，药品研发成败都阻拦不了股价。也就是说，那个时候股价与整个赛道大趋势有关，而与它自己药品研究成败的关系没有那么大。

但所有人，包括一些顶级大佬，都在讨论药品研发成败，无形中给我一种归因维度：药品成败就是股价的决定因素。

而当我能找到药品研究不失败的端倪和证据的时候，我以为我的"独立研究和独立思考"能帮我取得胜利，没想到这恰恰成为拴住我的因素，导致我没有在第一时间止损。

实足痛也！

这是我 2022 年最大的教训之一！今天我把它写出来，希望我的读者朋友能够不要再犯类似的错误。

这个错误的根，就是错误归因。没有找到股价涨跌的根本原因，在一些不是原因的"原因"那里纠缠。

一旦一个人把不是原因的原因当原因，那么他就会倔强，特别是当他证伪那个"原因"的时候，他就会有一种取得胜利的快感和坚持。而这种坚持越牢固，越容易对股价的变化视而不见。

自以为真理在握，没有想到，原因的原因根本不是原因。

该涨涨，该跌跌。

跳出"经验和现象"总结的陷阱，
进入"逻辑透视"的境界

很多朋友的来信和留言反映了比较集中的一个问题：

为什么以前总结的很多方法和模型，突然失效了？

有的朋友甚至抱怨说：

越努力总结，越亏钱。

我想，很多朋友也有同样的感慨。那么，这到底是为什么？
原因当然很多，但我认为有一个原因可能相对根本些，那就是：

很多人所谓的总结和努力，只是在经验和现象层面，没有进入逻辑层面。

什么意思？

就是很多人得出一个结论或者总结一个模型的时候，只是用现象和经验层面的东西，没有对其进行逻辑加工和取舍。

举几个例子：

路人甲，连续在几个强势股上低吸赚钱，于是就惊呼：低吸真有效，低吸比追高安全。于是研究一套低吸模型，遇到某个类型的股回踩到某个低点就去低吸。

路人乙，连续在几个龙头上做T和高位缠打，赚了大钱，于是发现一个超级"秘密"，就是龙头出现后，敢于格局锁仓，一路做T。

路人丙，发现股票只要竞价能够弱转强，竞价能够抢筹，就喜欢涨停。于是果断试仓，屡试不爽，于是竞价模型诞生。

路人丁，价值投机的信奉者，有段时间发现只要按照对标去挖掘价值低估股，总能赚钱。于是总结一套对标补涨模型，专门挖掘价值类的股。

这四类人，都是勤奋且善于思考和总结的人，其总结的方法和模型表面上没有什么问题。而且，如果市场一直好下去，他们还能一直屡试不爽且赚钱无数。

可问题是，股市是"变化"的地方。市场不可能永远按照一个节奏和风格走下去。如果甲、乙、丙、丁总结和发明自己的模型和方法的时候，仅仅是对某段时间的经验和现象进行总结，而没有考虑自己方法背后的底层逻辑，那么随着市场现象和风格的变化，其是肯定要受伤的。

对甲来说，低吸成功难道就是因为买得"低"吗？

对乙来说，龙头高位格局的大赚，是格局本身的问题吗？

对丙来说，是弱转强让模式成功吗，还是有其他原因？

对丁来说，补涨挖掘大赚，是因为补涨本身还是市场的原因？

我敢说，很多人没往更深的逻辑上去追问。

2022年有一个股票叫中通客车，见图1-4所示：

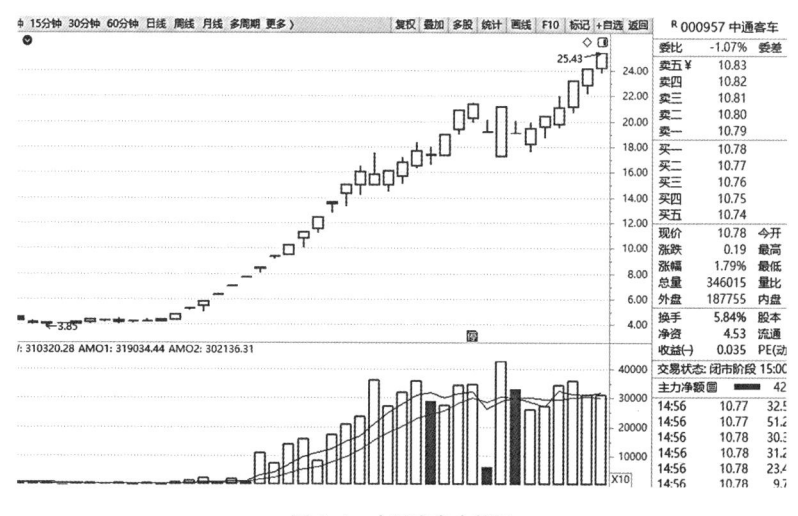

图1-4 中通客车走势图

很多龙头选手在上面赚到钱，但这个股也给很多龙头选手造成一个误区，觉得龙头战法不过如此，不就是在高位反复缠打吗？

这个现象的总结害了很多人。

这几天，好几个重仓套在××××几个龙头上的人曾给我发信息："我错在哪了？"

我反问道："你为什么这个时候还重仓××××？"

对方说："龙头不就是这样的吗？"

我说："谁跟你说的？"

对方说："你看那个某某股，不就是这样的吗？"

……

当然，聊天记录比这个更多，大概就是这个大意。即通过过去某几个同类股票的走势，得出一个结论，然后按照那个结论做下一个股票。

这样做，在方法论上叫归纳法，表面上本身没有什么大的错，问题出在仅仅停留在表象和直觉经验上去归纳总结，而没有深入更深层的逻辑。

那什么是更深层的逻辑呢？

我举几个例子。

其一，中通客车也好，上一个×××龙头也好，其高位敢于反复震荡走高，给出缠打的空间和利润，是因为图形本身吗？还是因为当时整个主线的阶段支持？如果是后者，你仅仅用图形归纳，不是抓住现象忘记本质，又是什么？

其二，有的龙头是十年难遇的千年老妖，有的龙头是板块普通的魁首。前者具有极大的稀缺性，后者如过江之鲫，二者对流动性的吸引性远远不可同日而语。怎么可以用从前者身上总结的经验规律去简单粗暴地套在后者身上？

其三，龙头的走势图形背后，支持它的未必是图形本身，而是板块补涨的风起云涌。如果看不到后者，仅仅在龙头本身去皓首穷经，得出的结论不是肤浅的现象总结，又是什么？

当然，还有很多更深刻的逻辑，我这里暂且抛砖引玉。我要强调的不是具体的某个逻辑，而是说，我们不要简单地从直觉经验和现象图形去总结，要深入逻辑背后。

这个世界上有很多东西，眼睛看到的未必是真实的；耳朵听到的也未必是真的，逻辑能够透彻抵达的，才是可信的。

一个股票的走势图，用肉眼看到的那个样子，未必就是那个样子。图形只是它背后逻辑的承载而已。

我们要归纳和总结的是图形背后的东西，而不是这个图形给我们的现象感觉和直觉经验。

很多人总结的所谓方法和模型失效了，其根本原因就是一直在外围现象上打转和总结，没有深入到逻辑透视层面。

感觉忙忙碌碌，实则并未深入本质半寸。

现象和经验必须借助逻辑的透视，才能有意义。否则，如果一直在这个层面，确实容易越总结、越努力、越亏钱。

极端一点形容，还不如不去总结。因为那样，至少存有敬畏。

苏格拉底说过一句话：未经审视的人生是不值得过的。

而在股票的世界里，未经审视的现象和经验，也是不值得去总结的。

不要做"杠精"

我们常看到这种人：遇到不一样的观点和思维方式，不是去思考人家观点的真正内涵和看问题的维度，而是习惯性地去反对。

表面上看，这是"不同观点，不要一起交流"，其实是接受不了从另外一个维度看问题，或者说，总是把自己困在一个视角和维度上。

事实上，我们每个人或多或少都有这种倾向。这是很阻碍进步的。

我就见过炒股领域有很多"雄辩滔滔"的人，总是爱对别人的投资方法踩上几脚，特别是不一样投资风格的方法。你如果跟他争论，不一定能争过他，因为人家的逻辑也是一套一套的。

但外人一看就清楚，他所谓的"逻辑"和怼别人所用的"知识与维度"，完全是他自己的知识结构。从他的知识结构来说，他反对的理由很充分，但如果跳出那个知识框架，用不一样的框架体系去看，简直是鸡和鸭在辩论，完全不在一个频道上。

这个时候，假如别人的观点和维度是对的、是高维的、是革命性的新思想，那么你在还没有搞清楚别人是什么意思之前就去反对，其实损失最大的，就是你自己。

你错过了接受新思想的机会。因为你的辩才，也因为你习惯性的"杠精"性格。

其实，我这里并不是说别人，而是说我们每个人，因为我们每个人都有这种倾向，只是有些人明显一些。

在投资交流中，我本人时时刻刻提醒自己不要有这种倾向，因为只要有这种倾向，就意味着我不再进步，这是件很危险的事情。

回归我自己的成长。其实我很早就接触了一些高维的投资哲学，就是因为我曾经喜欢"反对"，把那些分享给我新思想的人质问得"回答不上来"而错过了新思想。

比如，以前有人让我多研究基本面，我一句话怼回去"基本面都是骗人的东西"，这样人家基本不再跟我交流基本面了。事实上，基本面有很多事是骗人的，但基本面用对地方、用对时候，也有天神下凡的一面。基本面用好，可以发挥很大的作用，哪怕是在短线上。

再比如说，很早以前就有人跟我讲周期，但我也用我的"知识结构"怼别人，后来我推迟了三五年才真正沐浴在周期思想的光辉里。

我想，如果当时我没有"反对"别人，而是让别人把话说完，鼓励别人说，也许他的某个词、某个例子或者某个比喻就说动了我，我就会早很多年接受新的思想武器。

所以，我现在特别警惕"杠精"倾向，警惕为了反对而反对。

现在，我特别喜欢去找那些比我小十几岁的 90 后、00 后交流，遇到别人不同的炒股方法和思路，我绝不急着反对，我会一路追问："然后呢？"

我看到一个大 V 把某个流派的投资思想批驳得"体无完肤"，用词非常辛辣，只是我再仔细一看，发现他所用的知识全部是技术分析那套理论，然后我就看到十几年之前的我，于是感慨道：这个人从此关了一扇门呀！

我也并不是说不能批评和反对，而是不要在没搞清楚别人思想精髓和全新维度的意义之前去反对。更不要用自己原有的知识结构和认知逻辑去"自圆其说"地反对。

不仅在投资领域要如此，在其他领域也一样。

比如，苹果创造了 iOS 操作系统，谷歌推出了安卓操作系统，而后，微软从原有的认知框架出发，认为不就是一个操作系统嘛，咱有！把电脑端的套路移植过去不就可以了。结果微软没有看到这是移动互联网时代，需要按照移动互联网思维重新搞操作系统，而不是把原有的系统搬家和缝缝补补。假如是争论或者吵架，微软几乎是用"原有的认知框架"和苹果和谷歌吵架，其结果当然是完美错过一个时代。

几乎所有巨头、所有能争论的人、所有具有原有地位优势的人，都容易犯一个错误：用老把式打新仗，穿新鞋走老路，或者用老框架解决新问题。

所以，本文对那些"大人物"其实意义更大。

我们最害怕的是，凡是遇到一个不一样的观点和思维，凡是遇到一个新事物，不是从这个新东西自身的维度去思考，而是从自己已有的认知框架和知识结构，在根本不了解对方的情况下就反击。

这是在暴殄天物，很可能会错失一个新思想、一场新革命。

其实人的本性有排斥新东西和不一样的东西的一面，只要遇到不一样的，天然就有反对的冲动。

比如，清朝中叶，满朝文武见到洋枪洋炮和海外的工业产品，习惯性地从原有儒家知识框架出发，说这些是奇技淫巧，而不是去先搞清楚西洋这些东西到底是什么、研究工业革命意味着什么。我们现在看这个问题好像很清楚，但我们自己也许每天都重复这样的事情，习惯性地因为原有知识框架而错过很多有价值的新思想、新观点。

实足痛也。

我读企业家传记的时候，发现华为的任正非对这个问题有深刻的认识。据说，华为引进西方的管理系统 IPD 的时候，也有很多高管从自己原有的认知框架出发，跟任正非提出美国的管理方案进入华为要改一改，因为华为的情况跟美国不一样。

但任正非说："先僵化，后优化，再固化。"

就是说，先别改，先 100% 地"削足适履"去执行。

任正非认识到，也许我们根本没有搞清楚西方管理体系的先进之处，只有完完全全地把它们落到实处，彻底搞清楚和吸收了，再去谈优化才有意义。不要一开始就谈优化。否则，每个部门都会按照自己原有的认知结构去优化美国的管理体系，其结果一定是白引进了。

遇到新东西，遇到不一样的东西，先彻底明晓其自带的维度和方法论，再去评判，而不是先去修改别人的。

何其高明!

其实，任何一个全新的东西，既然有人能用它取得成就，就一定有其独到的价值，我们原有的知识结构不理解或者不接受很正常，但不要一开始就反对，要先把新的东西搞清楚再说。而要真正搞清楚，就要暂时放下自己原有的"知识框架"，试着按照对方的思维去理解它。

这样，才能有进步。这也是我写本文的意义。

聊聊那些你曾经的"讨厌与反感"

有时候态度比技法厉害。

如果某个类型的股,或者某种涨法的股,你发自内心地讨厌,或者发自内心地害怕,甚至主动屏蔽,不看、不想、不听,那么,此种状态下无论你学多少技法,也不可能亲近它。

因为你在抵触。

所以,我们学习,最难突破的不是技法,而是自己的内心。

这一层怎么突破呢?

反正心灵鸡汤是解决不了。有时候越是看心灵鸡汤,越是反感和抵触。

这方面我深有体会。

曾经,我痴迷用某种路径研究股票,凡是与这种路数违背的我都本能地反感。这种态度让我失去了很多其他维度的东西。若干年后,经历很多坎坷，我再重新审视，发现自己浪费了那么多好东西，不得不重新捡起来去补齐短板。后来发现，那些当年自己反感的东西，很多是为了反感而反感，误了自己多年。

所以呀，我就想，每当我们固执得不可一世的时候，不妨去尝试下、接触下自己反感的东西，站在对立面去思考问题，也许会得到意想不到的结果。

对人、对事，都可以这样。

有段时间，我特别讨厌×××，他所有的东西我都不看。但过去了很多年，我从其他渠道得知，×××不得了。于是我又重新审视下×××，居然发现他有很多超前的智慧值得学习，也有很多过人之处。可我为什么讨厌他呢？也许是为了讨厌而讨厌。这是一个很坏的毛病，要不得。

我要说的其实就是一个观点：那些让我们讨厌的东西，也许我们并不理解。如果我们为了讨厌而讨厌，那其实是自己心门很窄。故此，很多时候，我们需要转念一想。

也许这一"转"，就是另一片天地。

流动性

为什么，同样的两只股票，外在形态结构和 K 线图，甚至味道都一模一样，一个走出了主升龙头（或者主升第二波），另外一个却趴下，甚至被核？

很多人思考这个问题的时候，总喜欢从"技术"上找原因，比如：量如何，MACD 如何，均线如何……

还有一些人，则喜欢从"基本面"上找原因，比如：业绩不够过硬，受益程度不明显，不够硬核……

这种分析和思考问题的方式对不对呢？

你不能说不对，至少有一定的合理性。但我觉得应该有更高维度的思考。什么维度？

答：流动性维度。

两个"外形"一样，甚至"基本面逻辑"类似的股票，其命运的差别，很可能是在关键"渡劫"的窗口，面对流动性的命运不一样。

什么叫流动性的命运？

就是关键的时候，有没有人来赠送流动性，或者瓜分流动性。

比如，某只股票具有龙头相，正在春风得意地晋级，如果这个时候政策的东风不断刺激，消息升级，手下小弟一大堆，板块呈现风起云涌，那么，此时此刻，这个股就一定会成为龙头，不成都难。

但换个画风，另外一个同样具有龙头相的股，也同样晋级得春风得意，假如这个时候，自己阵营的股票一只只趴下，没有一个争气的小弟来扶持一下。甚至偏偏此刻，其他板块和热点春风不断，消息不绝，风起云涌，另起炉灶，那么，对它来说，无异于流动性被釜底抽薪，你让它怎么继续前进？任何一个游资轻微的抛售都有可能是推倒多米诺骨牌的第一张牌。

而图形和后来的走势，只不过是记录仪而已，哪能当成决策的前置因子？

根据图形决策，显得就非常可笑。甚至根据基本面来解释，也会很苍白无力。

是流动性的增强或减弱，在决定一只股的未来命运，而不是其他。

错配：投资中最自欺欺人的误区

我们经常见到两种错配现象：

（1）明明是做长线的，却天天去讨论情绪和技术，甚至被分时图级别的波动搞得一惊一乍。

（2）明明是做短线的，有的是三五日卖，有的甚至隔日卖，却热衷于挖掘基本面，甚至去写小作文，去讲宏大叙事。

如果是长线，持股至少是几个季度，甚至几年，有必要在乎市场短期的情绪吗？至于分时图，更没有必要去关心了吧。

而如果是短线，你又不去赚业绩的钱，每股收益与你有关吗？不信，你看看竞业达，什么小作文都不跟你讲，就是继续涨。短线哪里是比谁的基本面更好，而是比谁更有地位、谁更得市场青睐。

交易就要纯粹，这里的纯粹除了方法，还有逻辑的一致性。

这里有一个最容易犯的错误：明明是做短的，却在挖掘宏大叙事的过程中，把自己说服了，自己真的相信这个故事了。

比如，怡亚通，我见过很多短线高手深陷长线泥潭。

再比如，豆神教育、海兰信，明明是短线资金启动的，却到处给你讲长线的小作文。这不就是典型的错配吗?

错配有时候是被人带节奏，但更多的时候，是自己内心没有理清楚一个重大逻辑：你是选老婆，还是选情人……

前者就要用前者的眼光，后者就要用后者的标准。

千万不能错配!

利好是朋友吗？

到底是市场发出的信号和产生的数据重要，还是基本面发出的信号和产生的数据重要？

这个问题非常重要。

前者的关键是读懂市场，后者的关键是读懂企业。

对于一个投资者，应该是风格决定取向。

读懂市场，对于中短线很重要。读懂企业，对于长线者很重要。读懂人心和周期，对任何一种风格都很重要。但错配最麻烦。比如你就是一个短线，天天去读企业，去看信息，就是不看市场，这怎么可以？如果你是做长线，你完全可以不理市场，直接读懂企业。最可怕的不是懂与不懂，而是错配。什么风格，应获取什么数据。

我们经常可以看到明明是做中短线的人，却天天跟着消息走，什么国家又出台什么政策啦，哪个企业季报又好啦，哪个企业又有什么新项目啦。按理，中短线也可以关注这些，但如果市场发出的信号已经告诉我们大势已去，越是相信信息面的信号，可能亏得越大。因为中短线最在乎的是市场的信号。

我们经常可以看到某些人说：这么好的利好，不涨才怪，猛干！结果一路猛跌。

其实，短期股价不是基本面和信息面的函数，如果气势已经到顶，预期打满，哪怕再多的信息刺激，股价也不会涨，反而在一路下跌中麻痹自己。

长线也是同理，长线其实最大的因子是企业本身，但很多做长线的却去关注短期什么情绪、什么波动。

这是典型的数据错配。

在这个市场上，最害怕用错配的方式去获得自己的数据。明明被套住了，却天天找利好麻痹自己。明明是模式外，却用不属于自己模式的利好去寻找心理安慰。

短期关键是懂得市场，长期关键是读懂企业，二者千万不能反着来。

也就是说，短线的朋友是市场，长线的朋友是企业。虽然二者有时候会出现交集，但心安何处，还是有界限的。

如果市场走坏，利好越多，越麻烦，因为它以朋友面孔跟我们说：

"老乡，别走！"

"断事易早"是投资路上最容易犯的毛病

在所有最容易犯的错误中,我觉得"断事易早"是炒股最容易犯的毛病。

"断事易早"也可以说是断事宜草,就是很容易、很轻率根据局部特点和少数案例,得出一个结论。无论这个结论叫方法、模型、规律、认知还是所谓的悟道。

2022年我见过太多人,在中通客车上赚了大钱,然后就得出结论:龙头不过如此,从此知道龙头怎么做了。

那意思就是说:悟到了。

我还见过有些人,在浙江建投上大赚之后,突然像变了个人似的,见人就是股神的感觉。好像从此之后,天下再没有能拦住他的事儿,更没有能难住他的股票。

那意思是说:洞悉股市天机了。

太多太多这样的了。

还有一些朋友，刚刚做成几笔低吸，就突然得出低吸定律了；刚刚买对了几个板，马上就得出打板模型了；刚刚做成几笔分歧转一致，马上就出炉分歧心法了。

这些都属于"断事易早"。

轻易根据最近几笔成功的交易，得出一个普世的规律和模型。

当然，这在其他领域也存在，但股市更明显，特别是入市不深的股民。

前天赚 8000 元，昨天赚了 5000 元，今天赚了 6000 元，他就敢得出他适合炒股的结论，然后哭着闹着要辞职，搞什么全职炒股。

岂不知，股市远非那么简单。

其实，"断事易早"不仅是散户的毛病，机构和高手也容易犯此类的毛病。

2022 年年初，妖股横行，趋势股下跌，很多人就断言，今后只能做妖股了；年中，趋势股横行，妖股被监管，于是很多人又断言，今后只能做价值股，短线股没办法做了。

我不知道这些人得出结论前，是否进行过深入思考。我只知道，一个规律和认知，必须建立在多年数据的基础上，或者至少一轮牛熊的基础上，怎么可以以过去一两个月甚至一两个星期的感受，来轻易得出结论呢？

前段时间还发生一件搞笑的事情，某券商的一个大咖，非要打电话见我一面，说发明了一种新模型，可以完美做牛股。

后来我去了他的办公室，他给我展示。

看完，我问了一句话："你这个模型运作多久了？"

他说："三个月。"

我又问："你亲自去做的这个模型吗？"

他说："现在是模拟。"

我听罢说："好好，等你多跑几个月吧。"

其实我是够给他面子了，因为他展示的时候，我从话里话外听得很明白，他就是从过去的几个龙头上得出一个共性，然后建立了所谓的模型。这种模型太脆弱了。

股市浩如烟海，任何人想在里面找个铁律或者真正有效的模型，都不容易。并不是说建立模型难，而是说让这个模型经受住时间冲刷难。但很多人根本没有那个耐性去等待时间的冲刷，就迫不及待地把模型"真理化"，这就是最大问题所在。

随着炒股年岁增加，我越来越不敢轻易地去"下定论"，特别是战术层面的某个模型、某个买法、某个技法。所以，我在文章里，也更多地谈个人心得体会。我并不觉得哪个术是坚不可摧的，哪个模型是至高无上的，既然如此，我为什么还去写那么多术呢？

在市场上，亏得最多的，一定是术最多的。

因为术最容易受"断事易早"的伤害和冲击。

有的人，炒股年限都不到两年，就轻易说市场上所有的龙头他都做过，所有做龙头的方法他都懂。还有一些人炒股不到两年，就开始到处普及各种小作文和估值模型了。

"断事易早"多么普遍呀，根本没有把市场的凶险领略够。

当然，我说这么多，并不是说个别人，而是说每个人，包括我自己。我们每个人身上都有"断事易早"的毛病，特别是当我们刚刚炒股的时候。

随着股龄的增长，我越来越觉得"断事易早"是做投资的大忌。

那些看起来很华丽的战术和模型，其实在时间长河面前，都会千疮百孔。

我不是反对总结模型和方法，而是说股市里任何模型和方法，都具有挂一漏万性。你以为你抓住了它的精髓，殊不知随着时间的推移和案例的增加，你会发现遗漏的更多。

只有在无尽的时间里，千锤百炼，对模型进行无数次的拷问和敲打，那个模型才能称为模型，那个认知才能称为认知。

没有脱一层皮得出的结论，都不能称为结论。

没有差点丢半条命得到的方法，很难称为方法。

一山放出一山拦

股市存在很多局部特征，再笨的人，只要肯用心，都会发现属于他的局部特征。

有的人把他发现的局部特征绝招化。确实，这些绝招在某些时候很管用，甚至屡试不爽，于是悟道满天飞。如果股市的特征一直保持在那个阶段，绝招肯定一直是绝招。

但真实的残酷性在于，每当你刚刚要把这种悟道出的绝招绝对化的时候，市场就变了，绝招就不灵了，悟道也就变成了误会。

这就是股市相对其他领域之难。

它总是在变！

而其他领域，比如烹饪、开车、刻印、书法……只要你真的开挂，不可能明天它就变了。

其他领域存在一招鲜，股市很难存在一招鲜。

其他领域悟道也许只需要一次，而股市要悟道无数次。

它并非否定你悟道那次的成果，而是它有多面。你仅仅在那一个阶段、那一面悟道而已，悟出的也仅仅是那个类型的股、那个局部阶段该怎么做而已，这是远远不够的。你还需要知道无数个场景、无数个情况下应该怎么做，才可以。

股市的悟道，是一个动态的过程。

怎么去形容呢？就像宋朝诗人杨万里的诗《过松源晨炊漆公店》云：

莫言下岭便无难，赚得行人错喜欢。
正入万山围子里，一山放出一山拦。

凡是登过山的朋友，都应该能体会到该诗写的情况，特别是最后一句话：一山放出一山拦。

但我要说，凡是用心炒股的人，更能体会到该诗的意境，特别是最后一句话：一山放出一山拦。

你以为一个难题解决了就一马平川了吗？你以为发现一个绝招就悟到了吗？非也！后面还有无数个呢。

前段时间，很多人在中通上做得很好，就沾沾自喜，觉得自己悟尽天下龙头之道，仿佛 A 股装不下他了，从此绝冠昆仑。

再之前，很多人中交地产、浙江建投、天保基建做得好，也以为龙头战法不过如此。

再之前……

无数个无数次呀。

而后来呢? 后来还是市场他老人家亲自出来告诉各路神仙,一山放出一山拦!

这也是为什么,越是宗师级的股神,越是那些历经多轮牛熊更替的人,越低调。

他们不是对我们低调,而是对市场低调,对一山放出一山拦的认可。

所以,股市比我们想象的复杂,不要轻言悟到,更不要把某个阶段性的局部特征,轻易上升为普世的绝招。

最残酷的事儿：小有才华

无论再过多少年，我都难以忘记一个人：

她叫王彩玲。

故事要从电影《立春》说起。女主人公是王彩玲，扮演者是蒋雯丽。现在距电影首映已十余年，但整个故事和画面依然让我难忘。

在20世纪80年代的一座小县城里，

一个在歌剧上颇有才华的人，

却长着一张并不算好看的脸。

这些元素聚焦在女主角王彩玲身上，似乎暗示着什么。

因为有才华，她不甘寂寞。

但小县城的人欣赏不来她的才华。

好像那个时代有很多这样的人，我在上中学的时候，就见到很多。

要么会写诗，要么会音乐，要么会书法，要么会画画。

我有一个很好的高中同学，其初中的语文老师就是这个类型的人，他好像至今还在我们县里的初中教语文，他的才华是写诗，风格还是苏联式的，他好像还会拉手风琴。

王彩玲跟这种人一样，属于县级的艺术人才。但她总觉得在县城委屈了自己，一方面群众不懂艺术，也没有艺术氛围；另一方面她也看不起群众。

孤芳自赏，没有同类。

王彩玲在这样的县城有多孤独，可以想象。

但就这样的一个人，她还看不起别人，都是才华害的。

有一个不错的青年追王彩玲，王彩玲连正眼都不看他一下：他也配？

像王彩玲这样的艺术女青年，至少得懂艺术才能来追她吧。

正好，她所在的县城也有一个艺术男青年，是一个有绘画才华的帅哥，叫黄四宝。他在当地也比较郁闷，因为小县城同样也理解不了他的艺术，他的梦想就是考中央美术学院，但家里人都反对他画画，认为他是败家子。

恰好他遇到王彩玲，王彩玲理解他的艺术梦想，两个人在精神世界里成了朋友。

但他不喜欢王彩玲，因为王彩玲长了一张很丑的脸。

不过，他要利用王彩玲，他要离开这个小县城，想靠着王彩玲去北京。王彩玲误会他的意思，以为他要和自己私奔。

于是，王彩玲就带着他来到北京，在一个醉酒的夜晚，二人发生了关系。

他醒来后觉得被侮辱，跑到王彩玲的工作单位，当众羞辱王彩玲。王彩玲万念俱灰，选择了自杀。

命运好像捉弄王彩玲，她自杀没有成功，于是开始了悲剧人物的一生。

她想在北京表演歌剧，但是北京人才济济，哪里缺一个小县城级别的歌剧人才呀！

她想去中央歌剧院，可是中央歌剧院连个打杂的工作都不给她。

她不得不重新回到小县城。

她的艺术梦想破灭了，而且周围的人好像没有理解她的歌剧艺术。偶有能理解她的艺术的人，都不是因为她的才华而欣赏她，都是为了利用她：

有人想利用她去北京，

有人想利用她假结婚，

有人想利用她参加青年歌手比赛获奖。

总之，没有人在乎她的艺术，没有人理解她对歌剧的爱，而她又不忍放弃艺术。

而此时，改革开放已经开始，社会正在经历巨大变化，商品经济的大潮势不可当，当年那些爱好艺术的人纷纷放弃了艺术，就连帅哥画家黄四宝也早就成了倒买倒卖、坑蒙拐骗、被警察四处追赶的人，完全走向了艺术的反面。

社会的变化也影响了王彩玲，她的征婚条件不再是能理解她艺术的人，她降低自己的标准：科员或医生。

但没有找到。于是她决定一个人过，去福利院领养一个孩子，然后重新选择一个工作——去菜市场卖肉！

她不从事艺术了，改行去卖羊肉。

这是多么大的反差。

我还清晰地记得，当我看到她剁肉的镜头时内心的感受：百感交集，五味杂陈。

导演，你有必要这么残忍吗？

不是，不是导演残忍，是生活残忍。

很多人把这部电影当成一部小资的思考电影，也有很多人从文艺病的角度来解读这部电影。

我都不反对，但我有我自己的理解。

剧中女主角王彩玲的悲苦，不在于她长得不漂亮，这个世上长得不美但生活幸福的人很多。

王彩玲经历这么多悲苦，以及被人利用，甚至一生没有爱情，我认为最大的原因在于四个字：小有才华！

什么叫小有才华？就是有才华，但这才华又不是大才，不足以让业内人士注目。如果是大才，是行业翘楚，能艺压群芳，长得丑没有关系，反而可以成为一种艺术风格。

但小有才华就不行。

小有才华后，王彩玲就看不起同在县城的其他人，她总是觉得自己应该属于北京，她在小县城的学校教音乐时，嘴边总是挂着一句话——"中央歌剧院正在调我呢"。

为了圆这个面子，她四处花钱，到处找关系，想搞个北京户口，想去歌剧院，哪怕当个杂工。

她的才华让她觉得小县城配不上她，但她的才华又没有大到能配得上北京。

这就是她悲剧的根源。

其实这部电影里，其他几个主角也都类似，小有才华，但才华又不大。孤傲于世，不被人理解。

写到这里，估计很多读者都会联想到你们身边的人，也许在你们的县城里，或者你们现在的工作单位里，也有这样的人。

没错，每个人身边都有这样的人。

但本文想要说不是他们，而是你，是我，是我们自己！

我们是不是小有才华的人？

大家别误会，我不是说小有才华不好，其实任何一个单位都需要员工有才华：

工程师需要才华，能为单位的工程作贡献；

财务人员需要才华，能使单位财务稳健发展；

技术人员需要才华，能为单位引入创新；

管理人员需要才华，能把单位管理得井井有条。

才华无论大小，只要有，总是好的。

但是，注意，接下来就是本文的核心思想了。

在有些领域小有才华是好的，是福气，但在有些领域小有才华可能就是一件残酷的事。

在哪些领域小有才华是福气呢？

答：绝大多数领域，比如上面列举的工程师、财务、技术人员、管理人员，以及社会上绝大多数的领域，有才华总比没有才华好。

但在一些特殊的领域不是。哪些领域呢？

答：那些小概率才能生存的领域，那些全国乃至全球人参与竞争的领域。

因为想要在这些领域要做到成功，必须与绝大多数人竞争，其生存环境很恶劣。它不像财务或者工程师，仅仅在自己所在的单位稍微拔尖就足够，而是要求人必须在整个行业都做得很好，才能成功。

在这样的领域，要么自己是大才，要么完全没有才，否则都比较难过。

如果没有才，能够安于平庸，反而能得到宁静，心平气和地生活。

如果是大才，能够把整个行业的资源为己所用，成为大家，也会别有一番光景。

而小有才华的人夹在中间，既不能在行业内取得成功，又活得躁动不安，这才是最折磨人的。

很不幸，股票就是这样的领域。

在股票领域，如果你完全不懂，也许你亏不了多少钱，因为你敬畏，不会贸然出手，也不会疲于交易。

但怕就怕在你小有才华，读了几本书，了解了一些 K 线和基本面，而又没有达到大才的境界，对股市的根本规律没有掌握，却自以为能力不错，这个时候是最可怕的。

我们经常听到这样一句话：凭运气赚的钱，凭本事亏回去。

它要表达就是小有才华之后的一种残酷。

所以，要走炒股这条路，注定比很多领域难。在其他领域小有才华，可以比别人有更高的收入，比如你英语比别人好，计算机比别人好，口才比别人好，甚至你长得比别人好，都是好事。

但在股市里，如果你仅仅是小有才华，你可能比别人亏得多。

因为股市这个领域是全国股民一起竞赛，成功的概率比较低。有时候，在这样的领域小有才华反而是一种罪。

那我们就不努力了吗？就准备什么都不去了解了吗？

非也！

我要表达的是，股市里，我们不要小有才华，我们要大有才华。我们要比任何人都努力，要付出得比任何人都多，要对股市的思考比任何人都彻底通透，要让自己的才华炉火纯青、碾压别人，要把小知变成大知。

如此，才能成功。

否则，才华会起副作用。

为了大有才华，我们不是努力，而是更努力，彻底地努力。我见过很多大佬，见过很多游资，他们的风格和方法各异，但他们有个共同点，那就是勤奋、努力，甚至在外人看来很辛苦、很拼命。

在股市里，最可怕的是对任何方法和技巧懂而又不能深懂，这种情况最容易亏钱。

而股市之难在于,你如果要深懂,需要付出的至少是"懂"的十倍的努力。

回顾我自己的投资过程,我发现最让我亏钱的不是我什么都不懂的时候,而是我刚刚总结出一套方法的时候,或刚刚学会一种策略的时候。

因为一套方法和策略背后需要弥补的漏洞、需要补充的条件、需要打磨的细节,往往是方法本身十倍以上的工作量。

这个十倍,不仅仅是消化和完善,更需要时间的沉淀。

如果没有这个十倍,我不会对任何一个方法付出大的仓位。因为我知道:小有所得,可能是最危险的时候。

其实,直到今天我还战战兢兢,我还经常反思和推敲自己的方法和细节,因为我永远不满足于"小有才华"。

我知道,小有才华不如无才华。

各位读者朋友,你们也是。我不怕你们不懂股票,我只怕你们只懂一点,这个时候你们最有干劲,却又离风险最近。

本文是我的啼血之作,不仅是写给你们的,也是写给我自己的。我见过太多的股民,也收到无数封求助信,更跟无数个读者交流过。说真的,我见过无数个小有才华的股民。这也正是我担心的,因为这是最麻烦的。

本文想要表达的不是不让大家有才华,不是不让大家努力学炒股,而是要说,股市是个非常难的领域,要学就要狠狠地学,把方法和细节搞通透,搞彻底。

很多人能读名校，能当博士、博导，能在自己的行业成为精英，但就是搞不好股票。一方面是因为炒股需要特殊的天赋，另一方面是他们以为自己是社会精英，才高八斗，就可以直接把自身的优越性迁移到股市中来。我要说的是，股市所需要的才，和其他行业需要的那个才并不是一回事。也许在你的行业，小有才华就可能让你成为那个行业的精英，但在股市，小有才华是最害人的。

这个道理，希望诸君知晓。

如果做股票，就彻底把它做好，做到极致；如果不做，就碰也不要碰它。

如果爱，请深爱；若不爱，请走开！

悖论与诡辩启示录

上部分

最近读吴国盛的《什么是科学》和熊逸的《思辨的禅趣》，读到几个诡辩故事，也可以说是悖论，还是先来看故事本身吧。

有这么一个悖论故事，名字叫《阿喀琉斯追不上乌龟》。

> 阿喀琉斯是《荷马史诗》中的勇士，健步如飞，但如果让乌龟先跑，阿喀琉斯追不上乌龟。当然，这是按照以下论证和思维：
> 让爬得很慢的乌龟先行，如行至点 B，再和阿喀琉斯赛跑。阿喀琉斯若想要追上乌龟，必须先从点 A 到达乌龟所在的点 B，而当阿喀琉斯到达点 B 时，继续前行的乌龟势必会到达点 C；当阿喀琉斯到达点 C 时，乌龟则会继续前进至点 D……

如此这般，虽然 AB、BC、CD 之间的距离会越来越近，阿喀琉斯追乌龟所使用的时间也会越来越短，但无论如何阿喀琉斯是追赶不上乌龟的。

这个悖论也叫"二分法"。

二分法认为，从 a 到 b 点的运动是不可能的，因为，为了由 a 到 b 点必须先经过 ab 中间的 c；为了到达 c 点，必须先经过 ac 间的 d 点；为了到达 d，还有一个 e……这样会有无穷多个点，找不到最后一个。

这样的故事还有一个"飞矢不动"版本。

古希腊哲学家芝诺有一天问他的学生："射出去的箭是动的还是静止的？"

学生们说："这还用说，当然是动的呀。"

芝诺问："那么，这支箭在飞行的每一个瞬间里都有一个确定的位置吗？"

学生们说："当然有呀。"

芝诺问："那么，在这样的一瞬间里，这支箭所占据的空间和它自己的体积是一样大吗？"

学生们说："当然一样大呀。"

芝诺问："在这样的一瞬间里，这支箭既有一个确定的位置，又占据着和自己的体积一样大小的空间，这支箭此刻是动的还是静的呢？"

学生们说："是静止的。"

芝诺问:"这支箭在这一瞬间里是静止的,那么,在其他的瞬间里也是静止的吗?"

学生们说:"是的,在每一个瞬间里,这支箭都是静止的。"

芝诺嘴角一笑:"所以,这支射出去的箭其实是静止不动的。"

上述两个悖论故事本质上是一个故事,就是关于运动的。要回答这个问题,需要深入思考时间和空间的连续性和无限分割性。

稍有生活常识和经验的人都会知道上述结论的荒谬性。

但就是这么结论荒谬的问题,希腊哲学家讨论了2000多年。

明眼人一看就是错的结论,却可以以"诡辩"的思维论证得"天衣无缝",甚至让人无从反驳,至少西方哲学界和物理学界为这个问题讨论了2000多年。

多么不可思议呀!

这让我想到生活中的很多例子,有的人的观点明明是错的,但是你却一时无从反驳。

大家感觉这种例子哪里最多?

对,是股市。

股市中充满各种各样的理论和术,单纯从推理来看,好像都很有道理,但是"有道理"未必是"对的"。

这里的"有道理"是你从他给定的维度来思考,恰如上述故事中,你从诡辩者给定的维度来思考。但事实却荒唐得很,特别是你换个维度来看。

这对我们的启发是很深的。

我遇到很多人，有人说："我不屑于跟别人交流，我喜欢独立思考。"我想，所有人都有这个阶段。

如果你是大成者，事实已经证明你大成，你可以这样。但是，如果你还在成功的路上，这些想法就害死人。因为，你也许在自己的思维里打转，闭门造车，你也许把自己的方法论证得天衣无缝，但又怎么保证自己不是上述故事的主角？你不是从你自己的维度证明"阿喀琉斯永远追不上乌龟"？

有时候，如果不换个维度去思考一种错误，你永远不知道它有多可笑。

当然，本文上述的故事给我们的启发是多元的，不止一个。再比如，我们永远不要陷入复杂的术里，也许术的推导让你觉得完美无缺，但术就是术，应该简洁且直奔本质，而不是花里胡哨。

其实本文还想表达一个意思，就是推理层面的事情哪怕再对，也不等于事实本身。我们不应该成为不同理论和推理的试验品，更不应该在不同的术里穿梭。有时候事实层面不给力，再多的理论也是枉然。

有人会说，可能你说的理论不够科学，不够高端。

哎，这个事情怎么说呢，我再给大家讲个故事吧。

大概八九年前吧，具体哪一年忘记了，好像是诺贝尔医学奖颁给一个发现癌症治疗新方法的医学家，当时所有的媒体都高赞，仿佛人类找到了克服癌症的方法。那时，恰好我跟一位从日本东京大学回来的医学博士在一起聊天。他跟我说过一段话，至今难忘（原话忘记，我只能意引）：

过不了几年，你会看到很多根据这个诺贝尔奖研发的新药，无数的病人又要接受新的治疗方案。然而，你会发现，这个病依然无法像媒体报道的那样治好。多年后，还会有一个理论诞生，还会有一个诺贝尔医学奖，就跟今天一样……

我知道，这个医学博士的话未必对，他太悲观了。但我依然愿意把他的观点分享出来，和前面的诡辩和悖论故事放在一起，启发大家往更深刻的层面去思考。

下部分

诡辩最大的困局在于，如果你用它的思维过程，你就走不出来。只有你的理论武器和思维方式不一样，你才能走出来。这几个悖论，如果用近代高等数学和物理，很容易证明其荒谬性。但如果你一直用命题者给定的维度去思考，会永远被困在悖论里。

这对我们做投资有很大的启发。今天，我主要分析两个。

启发一：怀疑精神、反复自我革命。

这个怀疑不仅仅是指怀疑别人，而是有时候连自己也怀疑，即要有自以为非的精神。

为什么？

因为你很难确定你是在搞一种科学的方法，还是搞一种高深的诡辩。有时候你觉得方法无懈可击，但诡辩同样也是无懈可击的。

有时候你赚钱，你以为是你的方法赚的，但很可能与方法没有任何关系，仅仅是市场好，或者运气好。如果因为市场好你赚钱了，但你产生了对方法的崇拜，那么这种方法会在事后要你的命。

此时，就看你能不能具有怀疑精神，对自己进行解构。

当然，我并非说你的方法一定有问题，而是说，你要有重新审视方法的勇气。哪怕它是对的，也要经常检讨、检验、怀疑，它是否是错的。

这需要巨大的勇气，这是一种自我革命。

只有经过反复的自我革命，方法才能称为方法。这个过程，叫淬炼。没有这种淬炼，你也许一直活在诡辩和悖论里，只是你不自知。

当我看到这几个悖论的时候，我第一念就想到：所有的方法和理论，都值得重新思考一遍。要有这种反复质疑的精神。

启发二：维度革命。

人无法把自己举起来，一个人一旦陷入一个思维怪圈，很难自己把自己拔出来。

诡辩也好，方法也好，都是如此。甚至商业模式、企业家的致富模式、科学家的思维方式都是如此。所以，我们才看到，一代人有一代人的企业，一代人只能干一代人的事情。比如，张近东和黄光裕很难干过刘强东，不是说张近东和黄光裕不厉害，而是他们不在一个维度上竞争。

无论诡辩还是科学，如果不是终极真理，都需要继续前进。但继续前进说起来容易，做起来难。因为它需要的不仅仅是努力、勤奋和聪明，而是需要换个思维、换个维度。这个换，说起来容易，做起来何其难！

很多人一旦陷入一个思维胡同，会一直出不来。越出不来就有可能越勤奋,但同维度、低水平、反复做无用功,就有了一个词的诞生——闭门造车。

举个例子,就拿均线理论来说,如果5日均线上穿10日不对,那你就提高上穿15日;如果15日不好用,你又改成上穿20日。表面上看,你很努力,但其实你是在重复建设,在同一个维度里打转。也许此时需要的不是反复修改均线天数,而是引入一个新维度。甚至,需要彻底放弃均线本身,刮骨疗毒,凤凰涅槃,不灭不生。(我这里只是举例子,没有攻击均线派的意思,你也可以把均线这个词换成波浪,或者缺口,等等。)

以前经常听人说一句话:不同模式,尽量少交流。据说这句话是赵老哥说的。其实,这不是老赵说的。即使是老赵说的,他现在应该早就不这样想了。因为如果赵老哥永远跟同模式的人一起交流,那他现在应该天天还在打板。而事实上,赵老哥应该遇到很多高人,来自不同维度、不同模式,大家切磋碰撞,所以赵老哥才能从纯打板选手变成一个投资大家,做起价值投机和波段来,也非常得心应手。

如果认真看了我们前文的诡辩故事,应该明白,交流就应该是"不同模式",同一个模式有什么好交流的,都是那些东西。无论模式再难,一个人穷其一年地钻研,肯定能把这个模式搞得清清楚楚。最关键的是能不能把模式升维,能不能遇到不同维度的人,互相启发,最后一起"飞仙"。这里的飞仙就是维度升级。

黄光裕和张近东是同一个模式,他们天天在一起研究碰撞,也不如早年的时候,遇到马云、刘强东这个模式的人来交流。

我甚至认为,同模式交流容易互吹、互嗨,交流的深刻度远远不及不同模式。否则，你以为你在交流，其实你是在找另外一个自己。

我见过很多早年纯打板的、纯低吸的、纯技术分析的、纯用量的，后来都变成了另外一个人，其模式也升级换代了。如果永远都在同模式、同纬度的人群中交流，哪里还能化蛹成蝶？

我们经常看到的龙虎榜大神，比如方新侠、赵老哥，你以为人家还在打板吗？人家早就把价值维度、估值维度以及行业赛道融入模式之中了。

而市场上居然还流传他那句"不同模式，不要交流"的话，不是很可笑吗？

当然，也不能说同模式交流没有用，同模式的交流会带来术和细节的精进，对弥补自己的缺陷肯定也是有帮助的。但是，凡是质的进步和突破，特别是遇到困境之后，如果要有大的"飞升"，必须求助于另外一个维度！

破坏性创造！

只有这样，你才能跳出阿喀琉斯与乌龟赛跑的悖论，也才能避免得出"飞矢不动"这种荒唐的结论。

高级

看袁隆平的故事,我发现他在研发超级杂交水稻时,经常挂在嘴边一个词:

高级!高级呀!

注意,这里的高级不是更好、更优良,不是 better(更好),也不是 best(最好),而是全然不同。

我一直纳闷,为什么袁老一直喜欢用"高级"这个词?后来查阅了很多资料,才突然明白,这里有一段特殊的历史缘故。

很多年前,我国流行苏联的遗传学理论,苏联遗传学权威米丘林和李森科的"无性杂交"理论,被广泛接受,视为至高真理。

该理论否认孟德尔的基因说,并大肆批判基因理论,提倡无性培育。举个简单的例子，一只羊，如果把尾巴切掉，它的后代应该没有尾巴。可事实不是这样的。但人家是权威理论，袁隆平当时接受的是这种教育，对这个理论一开始也深信不疑。

他最开始就是按照这个理论去做实验。他在红薯上做实验，把月光花嫁接到红薯上，增加光合作用，然后得到一个大大的红薯。后来他又在马铃薯上做实验，把番茄嫁接在马铃薯秧苗上，甚至还在西瓜和南瓜上做实验。

这些实验结果是得到一个更"大"的果实，袁隆平实验出来的红薯曾经达到17.5斤，还得到一个"红薯王"的称号。

但让袁隆平大失所望的是，除了"大"，并没有遗传学上的"种子优势"。当农民把嫁接了红薯的月光花种子种下去，只开花，根本不长红薯。实验全部失败！

为什么？

多年后，袁隆平说："不够高级。"

实验失败后，袁隆平重新查阅大量资料，他发现，指导自己做实验的米丘林、李森科的"无性培育"理论不够高级，真正的"高级"的是孟德尔的遗传学理论，从分子结构和基因层面去做。于是，他重新启动自己的实验，后来果然在杂交水稻上取得巨大成功。

经历这么一个过程，袁老始终不忘，"高级"有多么重要。

理论高级、认知高级，才有结果的高级。

在动物和植物的遗传面前，人类一直想"插一脚"，以获得更大的收获。

苏联的米丘林和李森科，看到了生物个体受外界环境影响，于是他们坚持"获得性遗传"。他们这个方法，我小时候也做过，比如把梨树枝嫁接在苹果树上，甚至嫁接在柳树上。米丘林曾亲自实践，自己探索了60多年，在试验园里采用无性杂交、环境引诱、风土纯化的方法，培育了很多果树新品种。

但这个方法不够高级。因为这没有触及遗传基因的角度，没有深入到细胞，只是在物种的外部打转，从外部性状上去解决问题。

把一种植物的枝或芽，嫁接到另一种植物的根或茎上，对提高作物产量会有帮助，但这不是基于染色体、基于更本质的现代遗传学意义上的杂交。米丘林的方案，至死都在这个"外围"维度。

而以孟德尔为代表的另外一派则不然，他们看到物种遗传除了受到后天、外在环境影响，更看到了遗传内在基因。孟德尔派认为，有性生殖才是根本维度。

孟德尔流派发现了生物遗传过程中细胞层面的东西，更本质、更内因，他提出了基于基因的遗传学理论——分离定律和自由组合定律。

该流派的约翰逊在《精密遗传学原理》一书中正式提出"基因"这一概念。

这可谓生命中最核心又最玄妙的东西，但在人类发现它之前，它一直处于隐匿的状态，不泄露一点秘密。

是基因在支持着生命的基本构造和性能，储存着生命的种族、孕育、生老病死过程的全部信息。

通过比较可以发现，米丘林、李森科是外因法，孟德尔、摩尔根是内因法。后面的结果证明，内因法、有性生殖才是更本质，也就是袁隆平嘴里说的"更高级"的东西。

其实,这里的高级,事实上是"高维"的意思。只是受袁隆平影响,我也喜欢用"高级"这个词。

今天跟大家分享这个故事,是想推而广之地阐述一个问题:面对一个课题,我们应该如何去解决。

很多人的解决方案,终其一生,是在同一个维度,这种解决方案无法取得质变。

比如,很多人无法突破性研究,总以为缺少一个招式,或者还有一些技术模型不够完善,于是反复去从技术上找原因。

其实,这跟米丘林、李森科遗传理论一样,总是求助于外在。

我本人也是在这个问题上打转了很多年,后来发现,再从技术上去解决龙头问题,已经无法获得质的突破。

本质不在于不够努力,而是原来解决问题的维度不够"高级"。

突破的根本出路不是增加一个招式、多用一些技术,而是甩开这个维度,从另外更高级的维度去思考。

就在我反复思考这个问题的时候,有一天突然看到袁隆平的故事,看到一大堆遗传学的科普文章,听到袁隆平一直说:

高级!

这很高级呀!

这不够高级!

瞬间,我产生了一种强大的震撼和莫名的共鸣,猛然一拍大腿:

吾得矣！

后来，我一直用"高级"这词来形容质变和突破，也用来记录心里的激动，还用这个词来提醒自己，当面临一个问题的时候，解决思路的高维性比完美性重要十万八千里。

维度的提高才叫突破。能解决维度的才叫高级。

人生最大的悲伤，莫过于将一辈子的聪明都耗费在战术上。当你抬头一看，却发现你精益求精的事情，只不过是在低维度上沾沾自喜。

应然与实然

一只股票，按照你的认知系统，认为它应该上涨，或者说应该成为龙头，这叫应然。而事实上、结果上它最终的样子，叫实然。

当实然与应然统一，这叫吻合系统。

当实然与应然不统一，这叫脱离系统。

好的交易，一切都是应然。无论你是轻仓还是重仓，甚至无论你买了还是观望，都是应然。

但是，还有很多种情况，虽然是实然，但不是应然。比如，你不认为它会涨，结果它涨了；或者你不认为它能板，结果它板了。

对于这些情况，很多人直拍大腿，悔恨不已，觉得自己无能，把握不住机会。

而我恰恰觉得完全不必。

实然跟应然不一样的机会，哪怕再好，都应该放弃。

不能因为它涨了，我就妥协和投降。某个股，我看它就是不舒服，我的系统和经验告诉我，它不可能大涨，而结果它涨了，我被打脸了。此种情况，我宁愿接受打脸，也不去追。

因为它的涨，跟我格格不入。

这种涨，不能去羡慕，而应该去"批判"。

这里的批判不是反对，不是否定，不是睁眼说瞎话，而是跟我认识相反的涨，绝对不是好的机会，应该对这种机会进行批判。

这样说吧，我们最好只做应然且是实然的股票。

不能仅仅看实然怎么样就如何如何。

我之所以这样说，是因为：

其一，根据我的经验，我的大多数回撤都是在乎实然而不去想应然的操作。我眼红那些在我应然之外的机会。

其二，应然漠视的机会是哪怕它今天涨、明天涨，后来证明还是跌的。或者说，很多坏的不应该的涨，它也会因为各种原因涨，特别是那些东拉一个板、西拉一个板的机会。这种情况太多了。但后来的大多数事实证明，这种突然的涨，最终还是会跌的。

我们见得还少吗？

本来环境不好，却强行拉板。应然那么差，居然给我做个实然的涨停。结果第二天不还是"核按钮"？

本来退潮了，就应该顺势卧倒。结果它就是硬做。第二天不还是回归原形？

凡此种种，不胜枚举。这些是比较容易理解的，还有很多不容易理解的。

在这里，我并不是反对实然。股价最终的事实谁都尊重，但我要强调的是，如果不是你应然系统的实然，压根不是机会。

只有应然支持、实然呈现，这种机会才是好机会。

所以，到最后，我认为，应然之外无真理。

心中无花，世上再多的花，也非我之花。

注

写下本文并非为了说明我说的结论就是对的，而是开启一个探讨。希望能启发大家在另外一个深刻的领域去思考。因为现实世界很多人太墙头草、太实然，所以本文就"偏激"一点，"矫枉过正"地去强调应然。事实上，我内心想表达的是：应然和实然统一的机会才是好机会。脱离应然的"机会"是我们亏损的根源，不尊重实然的应然是空中楼阁。统一，才是问题的核心。

谁说市场喜新厌旧

江湖上有些传言，久了仿佛就成了真理，但是如果我们深入思考就会发现是个误区。此之谓以讹传讹。

比如喜新厌旧，为了增加这句话的真理性和权威性，有人托赵老哥之名来表达这个观点。原文如下：

> 有新题材，坚决抛弃旧题材。
> 只有新题材，才有凝聚市场里最敏锐、最犀利的那股资金。

其实，这句话并非赵老哥亲口所言，而是有人托名所写。当然，也有人说经过赵老哥追认。

我的观点是，即使这句话是赵老哥本人亲口所言，哪怕是徐翔所言，甚至索罗斯所言、巴菲特所言，我们也可以对其进行重新思考。

不唯上，不唯权威，只唯市场。

根据我对市场多年的观察，我发现"新旧"问题不能这样武断，不能一刀切。

有时候，市场是喜新厌旧，但更多的时候，市场并不是按照题材的新旧来运作，而是按照题材的大小和级别来运作。

也就是说，喜新厌旧连半句真理都不是。

什么时候市场喜新厌旧呢？两种情况：

一种是题材级别和大小差不多，所以只能按照新旧来划分；另一种是老题材、大题材周期走完，产生亏钱效应，这个时候出现个新题材才吃香。

为什么很多人会觉得题材总是新的好呢？那是记忆偏差，或者根本无法识别题材级别大小，总是从新旧去思考问题。

举个例子，2021年，核心题材是什么？

是两个东西，一个是碳中和，一个是医美。

按说，这两个都是老题材了，但是直到事后很久一段时间，它们都是市场的主角。

君不见：

哈三联、苏宁环球、融钰集团、朗姿股份一直在述说医美的故事；

长源电力、福建金森、顺控发展、华银电力一直在碳中和的赛道上奔跑。

多少所谓的"新题材"都消失在历史的尘埃之中，比如新疆棉花、中伊朗合作、计划生育、海南岛、日本核辐射……

当然，它们"新"的一刹那，是风光过两三天，但其赚钱效应和产生龙头的空间高度，远远不如碳中和和医美。

如果你要信了"有新题材，坚决抛弃旧题材"，那你就错过了医美赛道和碳中和赛道的很多牛股。

2020年，市场最老也是最长的题材是白酒和疫情，它们的跨度几乎贯穿了一年，从来也没有因为题材老而失去魅力。甚至，其热点和跨度都已经到了2021年，乃至当下。还有大豪科技、舍得酒业、未名医药、复星医药等等。

一个题材，不能因为老就一竿子把它打死。只要它的级别够大，它的赛道够漫长，它就一直可以老树发新芽。

再比如，2014—2015年的大牛市，市场最老的题材也成了最持久的题材，那就是"一带一路"和"互联网+"。其中"一带一路"这个题材从2014年开始炒，从中国南车、中铁二局开始，炒到中国中铁、中国铁建、中国远洋、中国交建等，后来都延长到了2017年，西部建设、天山生物都是在讲"一带一路"的故事。"互联网+"也贯穿整个牛市的首尾。

其实，这种现象可以归到任何一轮牛市，比如2006—2007年的牛市，整个市场围绕有色、房地产和银行，整整炒了两年多。

其中案例，不胜枚举，不再赘述。

追古溯今，至少说明一个道理：题材不怕老。

那怕什么？

怕没有级别，怕无法发酵。更怕成不了主线，无法容纳主力资金深度入驻。

只要一个题材能够发酵成主线，成长为赛道性的力量，再老再旧都不成问题。

在我的眼里，题材新旧不是关键，题材的发酵性才是关键。题材与主力资金互相对眼才是命门。

当然，我并不是反对新题材，故意就不喜欢新题材。相反，我也积极拥抱任何新题材，我每天都会阅读大量的新闻和最新资讯，积极寻找新东西。

但我看新东西并非以"新"为唯一角度，而是看"新"能否被超级资金相中。如果无法相中，它新又有何干？

每天新东西多了去了，新的热点层出不穷，但大多数成了炮灰，而成长为赛道性力量的，寥寥无几。

有些朋友天天喜欢追逐热点，天天在新的新闻和字眼里过分解读，过多埋伏，结果一个个新热点都成了哑炮，而主线的热点们继续讲述着龙头的故事，继续奏乐，继续舞。

之所以如此，就是因为这些朋友误解了"喜新厌旧"，把过多的精力放在"新"的挖掘上，而忘记了"级别性""主线性""赛道性"。

更忘记了"新旧"只是浅层维度，主力资金深度入驻和相互合拍才是深层维度。

其实，不同级别和境界的玩家，对新旧问题的在乎程度也是不一样的。大级别玩家，在乎的是题材的持续性；小级别的玩家，在乎的是题材的新鲜劲。题材持续才能玩得大，玩得深。题材新鲜，纵然玩得刺激，但容易疲于奔命，浅尝辄止。大玩家怎么可能每一天都打一枪换一个地方？

深度，深入，才是大玩家在乎的东西。

所以，今后看市场，不要仅仅看谁是新热点，谁是旧热点，而要看谁是市场的主线，谁是大玩家深扎根的地方。

如是，你将看到不一样的市场！成为不一样的玩家！

宏大叙事：一种别样的投资陷阱

多年以前，那还是上轮牛市的高光时刻，在广州的丽思卡尔顿，我听了一场某顶流投行的报告会。是关于中国南车的。这个股后来跟中国北车合并，现在已经改名中国中车。

那是一场特别"宏大叙事"的报告会，洋洋洒洒几个小时，核心就是一句话：

> 中国南车将成为连接陆上交通的最大受益者，海权时代将因为中国南车被陆权取代，中国南车的股价未来不可限量。

当时，听得我们热血沸腾，在场的也都摩拳擦掌。这太伟大了！越想越伟大！以前陆地国家之所以落后，就是因为陆地交通不如海洋。

现在好了,有了高铁连接大陆,那么欧亚大陆将一体,海洋国家则是孤岛。而中国中车将是这件事情的最大受益者。听着就刺激。这真是了不起的宏大叙事。

然而,这个报告会结束不久,中国南车的股价永远站在历史的顶点,从此一路下跌,直到今天。

这样的宏大叙事不是第一个,之前和之后,还有很多。之所以选择用中国南车作为本文第一个案例,是因为这个股太典型了,给大家的印象也最深刻,用它做案例,容易产生共鸣,也容易长记性。

此事过去不久,市场又有一个宏大叙事出现,是关于 VR 的,见图 1-5。

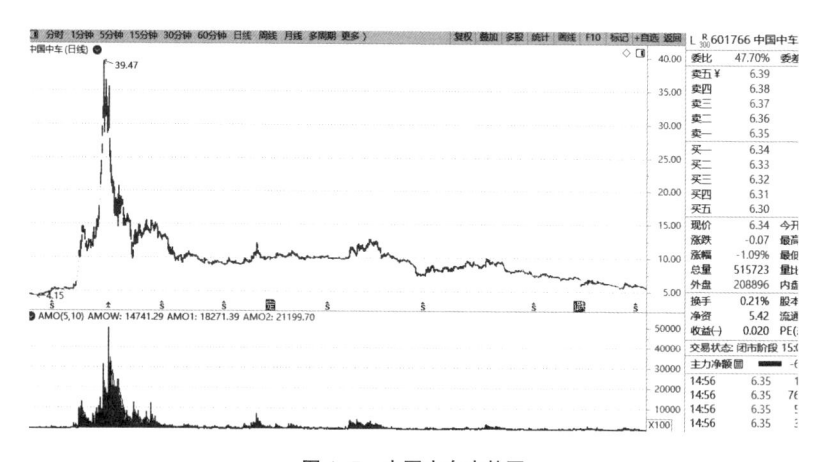

图 1-5　中国中车走势图

那个时候,VR 的声音大得很。我一个从不炒股的同学,都来找我了。他长期关注科技和产业未来。突然有一天,他跟我说:我想把全部的钱买一个 VR 公司的股票，拿它十年，你觉得如何？

并让我帮他参谋下 A 股哪个 VR 股票好，他自己备选的好像是暴风科技和易尚展示。当时这两个股是 VR 的当红炸子鸡。

我问他为什么要赌 VR？

他说，他看了很多报告，发现 VR 代表人类的未来，符合科技的方向，而且，当时是 VR 刚刚兴起，他想做个长期的产业投资者。

听罢，我不知道怎么回答。因为无论怎么说，我的 VR 知识都没有他丰富。后来我只好说，你自己决定吧。

就在刚刚我写文章的时候，又查了一下暴风科技和易尚展示，好像有一只股票已经找不到了，退市了；而另外一只，也跌得很惨。

时隔多年，这个故事又有了升级版，变成了元宇宙的故事。

2021 年，元宇宙大热，我见到很多很"严肃"的投资者，严肃到对价值都要求很苛刻的人（比如，茅台的铁粉），居然也突然对元宇宙的宏大叙事产生了兴趣。这帮人找了很多国外最先进的关于元宇宙的资料，然后重仓各路元宇宙股票，喊出 "all in 元宇宙，all in 未来" 的口号。

后来呢，后来就没有后来了，现在已经没有人跟我提元宇宙了。

当然，我并不是说元宇宙不好，也不是说未来没有元宇宙的一席之地，而是说，现实世界的宏大叙事和股票投资并不是一回事。

记得寒武纪即将上市的时候，我在杭州跟很多大佬一起交流投资。席间，有一个芯片专家，他也炒股。他说，过几天寒武纪要上市，他要开盘就全仓寒武纪，并建议大家跟他一起开盘就买。

我问为什么。

他说，这家公司很伟大，做的事情非常有情怀，然后就讲了一堆关于芯片的科普。我听得一愣一愣的。

最后他说，公司好，行业好，国家支持，为什么不买？寒武纪对他来说，只有买点，没有卖点。

这又是一个拿"宏大叙事"来炒股的人，也许他关于寒武纪和芯片的认知都对，但是忘记了一个最重要的东西——估值和价格。

我曾把这个故事收录在《龙头、价值与赛道》，标题是"好公司并不等于好股票"。

宏大叙事的崇拜者，总是觉得某个公司在"大处"和"宏观的地方"无限高大上，所以投资就一定是对的。

其实，这是一个很大的误区，宏大叙事在投资史上，给投资人带来的伤害比比皆是。

因为投资是一个多因素的活动，而不是某一项的高大上。

再举个前两年的例子：中芯国际。

这个股上市正赶上芯片热潮，孟晚舟事件还是舆论焦点，芯片是一个全民关心的话题。而中芯国际是有基本面的公司，它的上市，同样是宏大叙事。关于中芯国际的报道和研究报告连篇累牍，赞誉也不绝于耳。

就在这个背景下，我的一个朋友被说服了。他说，中芯国际是定海神针，是国家钦定的，它一定不是中石油。这是国家意志，是科技股，它会暴涨，开盘一定要买。

他的分析框架同样是基于宏大叙事。后来，后来大家都看到了，中芯国际的股价一路下滑。

其实宏大叙事的故事还很多。我就有一个朋友，他买股喜欢看董事长，看创始人。如果这个老板特别牛，创业故事特别感人，这个企业家特别有情怀，他就觉得这只股票特别好，就喜欢去重仓这类的股票。

其实这也是一个类型的宏大叙事，是关于人的宏大叙事。这类的坑特别多。投资圈里，经常流传一句话：调研的时候见到董事长，基本会亏一半。为什么这样说？很多人的理解是，董事长亲自来接待投资者，说明董事长闲，说明公司不行，也说明老板亲自推荐股票，股票不好。

其实，我倒不是这样理解。我觉得，任何一家公司，其老板最大的特长就是展示理想和蓝图，善于造梦，也就是说，企业老板最善于宏大叙事。而宏大叙事最容易让人脑袋发热，忘记很多重要的细节，比如估值，比如价格，比如很多疑问。

宏大叙事是大处着眼，是高处造梦，是把一个公司融入时代去思考。这样做对不对呢？当然没有什么毛病。分析企业，分析股票，肯定要分析这个层面。

但仅仅有宏大叙事，或者沉醉在宏大叙事里面，如果没有各种细节的拷问，甚至被宏大叙事感动得选择性忽视细节，那么投资一定是灾难。

再给大家讲个很大的宏大叙事的故事，那就是飞机。人类一直以来的梦想是能像鸟儿一样在天上飞翔，这是几千年来人的夙愿。突然有一天，有两个人，叫莱特兄弟，居然把这个梦想实现了。他们造出可以在天上飞的东西。够不够刺激？够不够宏大叙事？

如果你当时手里有很多钱，站在做股票的角度上，是不是很想去投资？

但你知道巴菲特怎么说吗？

他说，如果他当时在场，他一定会把莱特兄弟的发明打下来。这样做，虽然愧对于社会文明的巨大进步，但是对得起承前启后一波又一波对航空产业进行投资的人。

也就是说，发明飞机是一项伟大的宏大叙事，但是投资这件事的人，未必能赚钱。

股神对宏大叙事还是很警惕的。

综述，宏大叙事其实是站在现实社会的维度来看某件事，而投资是站在资本的角度去看某件事。二者有时候会重叠，宏大叙事会带来投资机会。但宏大叙事只有同时符合投资原则的时候，它对投资才是有意义的。如果它不符合投资原则，则可能把人的投资推向一厢情愿。

就拿前段时间来说，有个叫博纳影业的股票上市，有个朋友重仓买它。问其理由，对方居然说：你知道《长津湖》是谁拍的吗？就是博纳影业！

天呀，我当时无语。又是一个宏大叙事的投资。

拍《长津湖》与博纳影业的股票之间，就这样被解读了？这种投资也太草率了吧？不看市值大小，不看是否是市场主线，不看对标股价，就看《长津湖》？

还有一次，我的一个朋友向我们推荐某某药品股，其理由是他的老板特别牛，为了研究新药，放弃了多少钱的收入，等等。就别说这个了，说说小米吧，多少人因为喜欢雷军，这就一个理由，去重仓小米的；还有学而思，也就是好未来，很多人因为这个老板的"人格魅力"一直重仓好未来；也有很多人因为看好干细胞就重仓某某股，还有很多人因为相信工业互联网而重仓某某股，还有那些重仓哔哩哔哩的，重仓快手的……很多都是宏大叙事的信奉者。

这样的故事还有很多。当然，有些也许不算很大的宏大叙事，真正大的宏大叙事是某个"产业前景"，某个"发明创造"、某个"国家意志"、某个"人类未来"。他们有一个共同的属性，就是从"梦想"的角度去思考投资，从"情怀"的角度去思考投资，把现实世界的"高大上"等同于股票市场的天然正确。而且，这种投资还因为过于"喜欢"、过于相信"宏大叙事"，而对其他角度的质疑视而不见，甚至置投资本身的原则于不顾。

这种宏大叙事，如果在牛市周期，或者恰好遇到一个伟大的公司且恰好在估值低的时候，会成就一段佳话。但这段佳话本身不是宏大叙事带来的，而是时运带来的。

而很多人总结这段佳话的时候，总是把功劳记在宏大叙事上，甚至美其名曰有格局，有情怀。

殊不知，一旦"运气"周期结束，这种宏大叙事就会出现灾难。

因为它思考的初衷不是投资的原则和关键细节，而是"梦想层面"的东西。它更容易让人陷入激动人心的一面，而不是超然冷静的一面。

为什么宏大叙事容易吸引人？因为宏大叙事不需要专业性的思考，只需要激荡人心的讲述。而很多做投资的人，一开始都是其他行业转行过来的，给他们讲宏大叙事，最容易获得"共鸣"和"知音"。

还有很多企业家和高级知识分子，他们本身就是宏大叙事的行家里手。其思维方式和学术研究，很多都是宏大叙事式的。前看500年，后看500载。宏大叙事最符合他们的胃口。

但现实世界的宏大叙事，未必符合股市的逻辑。无论长线还是短线，股市都有其自身的叙事逻辑。当然，这个逻辑里，有宏大叙事的一席之地，宏大叙事也是投资的一部分，但绝对不是全部，宏大叙事也绝对取代不了其他叙事。比如：

> 细致精微的业绩分析；
> 与时俱进的政策分析；
> 灵活的周期分析；
> 竞争格局中的产业结构分析；
> ……

宏大叙事只是这里面的一环，是背景分析那个层面的一环。

那么，为什么本文特别强调要警惕宏大叙事？因为宏大叙事有一种特殊性，即一旦陷进去，容易忘记、忽略其他环节。甚至有的人，明明投资错误，还在用宏大叙事安慰自己。

宏大叙事有一种强大魔力，它容易让人的荷尔蒙上升，一旦被宏大叙事说服，其他的东西就容易视而不见。

所以，本文提醒大家，投资中的宏大叙事，不是不能去相信，而是不能独信。

特别是那些没有经历过系统投资思维训练的人,以及那些在生活中就喜欢宏大叙事的人。

宏大叙事的故事,也不是不能去听,但不能仅仅根据宏大叙事就草草做出投资决策。因为股市和现实世界,还是隔着一层逻辑的。

熊市里的"南墙":
只有亲历寒冬才能真正在未来的市场里活下去

在熊市里能干什么?

很多人的回答是:空仓,或者不看股票,或者关闭电脑去旅游。

这些回答都对,至少都能保证财富的安全。

我认为这样虽然对,但是没"利用"好熊市。

如果在熊市里完全不看、不听,"逃之夭夭",就会在自己的交易体验里缺少"冬天"的成分,就会一直是温室里的花朵。

我认为,熊市有它的"价值",有时候用很小的资金躬身入局,便能从中汲取在牛市得不到的东西。

如果你跟我的观点不一样,先别急着反驳,请听我说说我的理由。

一、熊市能培养一个人真正的"敬畏之心"

在熊市里，你会看到"血流成河"，看到各种"爆雷"和"黑天鹅"，看到形形色色以前看不到的风险。这可以让你从感性上深刻体验什么是风险。你如果没有亲历，只是关闭电脑去旅游，只是事后在报纸看到新闻，而不是从盘面现场看到，是无法获得那种现场震撼感的。就像经历战争，身临战场，看到残酷的后果，你才真正对市场有敬畏之心，否则，你的敬畏只是一个中文词汇，而不是真实的灵魂感受。

这种东西，只有熊市能给你。

二、熊市使人能看清本质和真相

史玉柱说过，成功时总结的经验都是扭曲的，是不靠谱的。人在市场好的时候总结的所有心得和绝招，其实也都是扭曲的。只有在熊市，你才能看到市场的真相；只有在熊市，你才知道自己那些所谓的绝招有很多都是豆腐渣工程。比如：

你以为的弱转强就真的是弱转强吗？
你以为的卡位就真能卡好吗？
你以为的数板战法就真的是龙头战法吗？
你以为的业绩增长股价就会涨吗？
你以为的宏大叙事就真的是牛股吗？
……

在熊市才能看清楚它们的真相，在熊市才能真正检验它们。

电视剧《繁花》里的爷叔说过：

"珍惜你的低谷，你会看到很多真相。"

这话说得太对了。

行文到这里，我不得不插入一段话。

以前在普通的市场，或者说平常的时候，我跟很多朋友都说资金管理和仓位管理有多么重要，可是很多人就是不听。

为什么？

因为人家都在忙着挣钱，谁听你唠叨那些"没用的东西"。

你让我资金管理又不能帮我抓住龙头。

你让我资金管理还不如给我一个代码。

你让我资金管理还不如教我一个战法。

……

可是，如果经历过熊市，亲眼见过熊市，用少量资金参与过熊市，你就会真正明白，资金管理比什么都重要。

也只有明白了这个道理，你才知道，谁的公众号在说股市的本质，谁的文章一直在普及股市的真相。

在这里，借着熊市的环境，我再次把我认为资金管理方面最重要的东西分享给大家，希望很多人会重新理解每一个字背后的良苦用心：

    1. 永远不要贷款炒股，不要透支炒股，不要借钱炒股。这是资金管理的第一个原则。

    2. 永远不要把100%的资金放到股市，因为股市有黑天鹅。一定要为自己留后路。

    3. 一旦大盘出现系统性风险，必须把股市账户资金从股票账户转到银行账户一部分。这是釜底抽薪，把资金强制隔离出来，防止一冲动就受到诱惑去开仓，更防止急于扳回、急于报复、杀红眼。

    4. 无论市场好坏，投入股市账户里的钱分几个账户，就是多开几个户，不要把资金集中到一个股市账户里。万一某个账户失控，不至于波及其他账户。

    5. 即使大盘走牛，牛市来了，也不要把自己所有的资金都拿到股市里来。假如你有100万元总资产，我建议在股市投入最多不要超过80万元。为什么？因为，如果能赚钱，你有那个本事，根本不用投入100%的资金量。我见过很多股民，请人吃饭都要提前卖股票，这种股民的结局一定是悲惨的。

这段话，这些理念，我其实在公众号已经分享多次，我选择在这里重复说，我想这次很多人再读感受就不一样了。

如人饮水，冷暖自知。

三、熊市能助你锤炼交易体系，沉淀交易哲学

    我们都听过一句著名的话：不要浪费任何一场危机。很多人对这句话的理解可能是抄底或者捡便宜，但我认为讲的应该是危机能够

锤炼我们的意志。

如果一直成长在温室，那么无所谓交易体系，因为没有沉淀过，没有经历过风吹雨打。只有真正的熊市，才能补上交易体系最坚固的一环。

比如，关于龙头战法，我们以前屡次说，数板不是龙头。但是如果在普通市，人家数板就是数出龙头，能怎样？

你笑人家粗狂，人家笑你懦弱。

只有经历过大熊市的洗礼，看清数板的真相，才能真正明白，原来龙头的本质不是数板。进而，才愿意去追问龙头的本质。

再比如，以前我们说龙头要有带动性和板块性，但有时候，没有这些特点也能成龙头，于是很多人把这些看成是多余的。但只有熊市才会告诉大家，没有带动性和板块性的龙头，很容易出大问题。

这种一件事一件事、一个逻辑一个逻辑地反复过手练习，人的交易体系才能锤炼好。

这就是熊市的价值，类似于坏人监督吧！

四、熊市能磨炼心性

熊市还可以磨炼一个人的心性，比如忍耐、控制自我等。

这些东西，你在牛市不需要，甚至牛市时谁胆大谁没有章法谁赚得多。但经历过熊市的人不一样，熊市会告诉我们，不要在乎谁一时赚得多，而是要看谁能最终拿走得多。

或者这样说，熊市会教人做人，牛市教人做神。游资圈经常听到某某某最近多厉害，可以"封神"了。这种"封神"往往都是在市场好的时候，而熊市会让他们重新做人。

以上这些，就是我说的熊市的"利用价值"。

当然了，熊市肯定不是好东西，它唯一的好，就是给我们"教训"，让我们沉底，逼着我们反思。

只不过，这种教训、沉底和反思，如果我们不去主动利用，只是一味地不看、不听，是无法真正获得的。

写这篇文章，我也怕产生误会。所以我还要综合一下自己的观点以及所强调的东西：

1. 如果你真的想在股市成长为参天大树，成为高手，面对熊市是不能简单地逃之夭夭的，你必须亲历和亲眼看，必须亲自参与，躬身入局。

2. 这种参与和躬身入局，不意味着蛮干，而是在严格控制资金管理和仓位管理的情况下。这就是为什么我要在前文把资金管理再说一遍。因为没有这层解读，本文就会使人陷入极大误区。我们说的躬身入局，就是拿小部分资金锤炼自己。

3. 通常我建议，在熊市中，把绝大部分资金转到银行，**股票账户只留 2%~10%**，用它感受寒冬，锤炼自己。

4. 也许有人说，我彻底空仓，一股不买，我就是看，或者旅游，也能从熊市吸取教训和经验。这个我当然明白，对于大多数人来说，我赞同。我想说的是：能从别人的教训中去成长，当然是人杰。在熊市中，看到有人爆仓，看到别的股票踩雷，自己是可以学到很多，但绝大多数人的成长是从自己的教训中获得的。

拿着别人的经验和教训去看自己总会有隔靴搔痒之感，因为痛苦不是自己的，教训也往往停留在肤浅处。

别人在熊市的经验和教训未必能说服你，因为能说服你的不是道理，而是南墙！

只有你自己去撞，才能得到属于你自己刻骨铭心的体会。

所谓的去撞，就是你要亲历。

只是这种亲历要在资金管理的严格保证之下。

辩驳

很多问题的争论容易引起撕裂。

观点的撕裂倒在其次，可怕的是关系和感情的撕裂。比如：多年老友之间、同事之间、同学之间、老乡之间，甚至兄弟姐妹亲戚之间。

因为对某个问题的看法差异巨大，激烈争论，互相批驳，轻则"割袍断义"，重则反目成仇、互相辱骂，乃至拉黑删除对方，有的估计还会老死不相往来。

这里，我最感兴趣的不是大家对问题的观点，而是大家在争论和辩驳问题的时候用的方法论和逻辑。

特别是批驳别人观点的时候，是怎么展开的。

这个话题很有意思，我们先从商鞅与孟子的辩论开始：

一开始，是法家代表人物申不害与孟子辩论，孟子抓住申不害的法家"术派"言论，猛烈攻击。然后商鞅拍案而起，有了下面这段精彩的辩驳：

  夫子大谬，凭据有三。
  天下学派皆有分支，夫子断章取义，以术治派为法家全貌，此其一。
  法家三派，其根同一，皆以认同法治为根本，而在推行中各有侧重。夫子无视法家根本，攻其一点不及其余，此其二。
  法家术治派，是在行法根基之上着重整肃吏治，强化查勘官吏，与搬弄权谋有天壤之别。夫子有意抹杀根本，其论断之轻率无以复加，此其三。

这里，我们不对孟子和商鞅谁对谁错进行评判（因为实事求是地讲，我们的境界很难当孟子和商鞅的裁判），仅就辩论中的逻辑和技巧来看，商鞅更无懈可击。

当然，这只是电视剧，这里只展示编剧和导演剪辑后的片段，历史上，商鞅跟孟子也不可能这样辩论。

但就影视文学作品来说，这段内容还是很有分析意义，特别是从辩驳的逻辑和技巧上来看。

商鞅辩驳的三点用现在的话来说，就是：

（1）断章取义，以偏概全；
（2）避重就轻；
（3）歪曲本意与轻率定性。

这三点可是非常掷地有声的，能写出这样的台词，我也佩服编剧强大的逻辑能力。(不过，需要说明的是，导演和编剧明显偏向商鞅，历史上的孟子是雄辩大才，真实的孟子如果在场，其雄辩滔滔之才，绝非电视剧上的那些台词。)

今天，我们就围绕这三点，来分析当下互联网上一些争论。可以肯定地说，我们今天网上的很多争论，特别是一些大V、自媒体的文章，很多都容易犯这三个错误。

一个人的观点、一种现象或者政策，通常由五个部分组成：

根，精神实质；

重要组成与支柱；

技术细节；

细枝末节；

乱传的、误传的，甚至以讹传讹与高级黑的。

我把上述制作成下图，并标示 ABCDE。

A：根　精神实质

B：重要组成与支柱

C：技术细节

D：细枝末节

E：乱传的、误传的，甚至以讹传讹与高级黑的那么，我们要想批驳倒一个东西，最主要的是批判倒 A，最不重要的是批判 E 和 D，批判 B、C 也比较重要。

同样，当我们对一种"批判"进行批判的时候，对"质疑"进行质疑的时候，也要把"批判和质疑"分解为几个部分：

根本批判，质疑本质；
关键批判与质疑；
技术细节批判与质疑；
对无关紧要处的批判与质疑；
喊口号、乱喷的与高级黑。

我们也制作成图，如下。

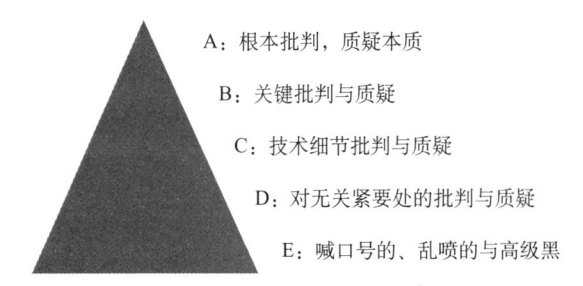

A：根本批判，质疑本质
B：关键批判与质疑
C：技术细节批判与质疑
D：对无关紧要处的批判与质疑
E：喊口号的、乱喷的与高级黑

同理，也是 A 最重要，D、E 最不重要，B、C 比较重要。

如果真的是理性和高尚的争论，我们应该做的是：

（1）准确地概括对方观点的本质，然后在本质层面进行交锋。

不能避重就轻。

（2）全面看对方的观点，也就是把对方观点的几个组成部分整体看，不断章取义。

（3）最下的是，无视 A、B、C，在 D、E 上进行纠缠且扬扬得意和混淆视听。

其中的核心是第一条，抓住本质进行辩论。

最"无耻"的是故意歪曲对方观点，进行虚假辩论。

最"阴险"的是"断章取义"，避重就轻。

最无力和最"下作"的是，在无关紧要的地方和以讹传讹的地方辩论。

上述一拆解，我们再进行问题分析的时候，就轻松得多。

每一种观点的底层，都有很多无关紧要的东西，这些东西虽然无关紧要，但是叽叽喳喳，很庞大。如果你满足在这个层面进行争论，你的观点将永远抓不住本质。

很不幸的是，互联网上很多声音都是在这个层面发出的。

每一种观点，最最没有意义，甚至是负面意义的，是它的乱喷部分、误解部分、以讹传讹部分和高级黑部分。

对于任何一个理性辩论的人，我们首先要无视、回避、跳出这个层面。因为你在这个层面纠缠，说明你的级别和档次也是这个层面的人。

但是，在互联网上，最容易产生流量，最容易吸引眼球，也是很多自媒体最喜欢的，恰恰是在这个层面搞事情。

比如，某个大V或者某个现象，当出现一批人去支持或者质疑的时候，里面其实是充满A、B、C、D、E的，有的是在本质上去争论，有的是在专业上去争论，也有很多喷子乱骂乱喷。

这个时候，对于一个完全以流量为目的的自媒体来说，它通常的做法是直接对某个观点或者质疑的D、E层面进行攻击，然后高喊一堆口号。

诸如：请讲科学，请让专业人士讲话，讲真话天塌不下来，自由大于一切，不要剥夺人讲真话的权利，等等。

特别是，这种自媒体一旦逮到对方阵营里一个无关紧要的细节或者喷子甚至高级黑的一句话、一个失误，就大加嘲讽，大肆张扬，并高举正义的旗帜。

其实，它根本没有智商和胆量，对对方观点的精神实质和重要支柱进行辩驳。

不信大家可以去看看一些自媒体，是不是经常用三板斧：

首先，用D、E层面的言论总结对方观点。

其次，对这种观点嘲讽，并引用一系列高大上的案例和名人去证明自己。

最后，喊口号，这些口号都是天然正确的，来拔高自己的观点。

当然，我们也可以理解，如果对一种观点进行精神实质层面的交锋，也几乎没有那么多流量。老百姓喜欢的，其实是快餐式、通俗的争论。

但如果人人都在这个层面交锋，思想何来进步？问题何以解决？

比如，法家对儒家的争论，从来都不是围绕着儒家的细枝末节进行的，也不会对儒家无关紧要的言论进行质疑，比如"唯女子与小人难养也"，等等，而是直接攻击"人性善恶"的基本假设。如此，法家才有气象。

比如，爱因斯坦对牛顿理论的质疑，从来都不围绕牛顿的细枝末节，更不去管牛顿的苹果、表妹、神的言论以及其他花边，而是直接挑战牛顿体系的核心，在时间和空间上，对牛顿经典力学发难。如此，相对论才高山仰止。

真正的大家、大智大德，从来都是直奔根本进行交锋。而投机取巧者，总是反其道而行之，故意围绕对方下三路进行攻击。

写到这里我也经常为龙头战法鸣不平。龙头战法的精神本质是第一性，擒贼先擒王，万物之中抓主要矛盾。其核心构成是一花三叶，股权龙头、价值龙头与黑马龙头，其技术细节有竞价、打板、半路、低吸等，其流派有周期派、价值派、打板派、形态派、波浪派等。但，龙头战法也充满杂音和各种口号，也被人简单地喊口号为无脑打板、数板、捉妖、瞎炒作和追高。

如果真的要质疑龙头战法，最根本的是在第一性层面去讨论，不能仅仅去骂打板、数板，或者仅仅因为某段时间白马龙头失效或者黑马龙头失效就轻易去否定龙头。

不能茅台、宁德时代不涨了，或者东方通信和天保基建不涨了，或者江特电机、北方稀土不涨了，就轻率地宣布龙头战法失效了。因为它们只是龙头的表现形式，而不是龙头思想的本质。

至于"核按钮"、打板失败、无脑追高，更不是龙头战法的精神。

总之，无论是投资领域还是社会现象之中，无论是捧着护着某个人，或者质疑某个人，我们都尽可能地在其最高本质上去交锋，减少在无关紧要的细枝末节层面的避重就轻，抵制乱喷和高级黑的纠缠，特别是不要动不动高喊一些价值观正确的口号，因为这无助于辩驳任何观点。

如果真的有勇气、真的想做个大智大勇的人，你选择的"敌人"和"敌对观点"应该是高级的，你眼里的对手应该是"专业观点"和"专业质疑"，而不是对细枝末节发难，更不是柿子专挑软的捏，置对方观点的核心于不顾，专门回应对方阵营中乱喷的、高级黑的，草草了事。

注

敢于回应专业的内容，就是专业认识。

专门迎敌细枝末节的内容，就是投机人士。

精于周旋乱喷的、误传的、自编自演高级黑内容的，则多是自媒体蹭流量的人士。

而永远在根处思考，且永远与关键问题交锋的，则是大智大勇之士！

看股票书对炒股有帮助吗？

看股票书对炒股有帮助吗？

或者这样问：炒股需要看书吗？

当然！

不过，关于这个问题并不是没有争论。我曾经推荐一些书给一些股友，没有想到对方这样回答：

> "看书有什么用？炒股靠的是练习，是实战。书上写的都是过去的事情，股市是最新的情况，看那些没用的东西干啥。"

真的没有想到，这种思想居然代表相当多一部分人的想法。

看书对炒股的好处还用说吗？据我所知，投资大家几乎没有一个不是看书狂人。

总舵主徐翔的妻子透露，徐翔非常爱看金融书。我们看看徐翔妻子的原话。

他从那个时候就立志要做证券这一行。我以前是在证券公司任职，后来离职随徐翔来了上海，平时没事也看看书，追追剧，时间宽裕了，也喜欢逛逛各种博物馆。我一直都很清楚，我个人没有什么能力，只是普普通通的家庭妇女。

以前徐翔老说我："总看那些乱七八糟的书，都是些没用的书。"但徐翔爱看的书，我一般都不看，都是一些金融、经济相关的书报。我帮他订阅了《证券市场周刊》《中国财经报》《中国证券报》等。每次报亭会在固定时间送来，打包起来有五六厘米厚。他会翻一翻，对感兴趣的文章才会认真看。

他阅读量很大，看书也很快，每天还要看大量的研究报告。他晚上基本上深夜1点左右睡觉，早上是8点左右起床，8点多到公司开晨会，是典型的交易员生活。

他也有投资失败的时候，仓位重的股票浮亏了，也会有压力，甚至影响到睡眠。在一些重大投资交易结束后，他会有一些总结，大多数是投资失败的案例。

搬家的时候，我的书有好几箱子，现在装满了两个大书柜。他的书更多，大概是我的两倍，我给他放在其他地方了。

芒格和巴菲特不但爱看书，而且还跳出金融的局限看其他领域的书。我们经常能够在巴菲特致股东的信中看到连珠妙语，有的直接引用了世界名著的原话。

也有人说，那个谁谁谁就不是看书看成高手的，是实战出来的。

我不否认这个世界上有天才，可以无师自通，不读书也可以成为顶级投资家。但这种路常人走不得。

即使是在今天A股中封神级别的人物，大多数也是喜欢读书的。或者说，读书是他们成长路径的一部分。

当然，他们成功还有一个原因，就是他们有个顶级的圈子或者顶级的师父。他们虽然自己没有天天读书，但是天天跟着这些顶级人物，就等于天天读活书。

如果你身边没有这种顶级人才，你只有读书才能获得顶级人物的智慧。

一群大妈、阿姨天天围着你，和一圈封神的股神天天围着你，是不一样的。

这让我想起马云，马云曾公开说，他不是很喜欢读书，还发表过不主张万事要读书的言论，有个企业家当场就怼马云：

"马老板比别人高明的地方是，他不读书都能找到高大上的理由。"

其实马云不是不读书，而是马云身边都是高人，全球顶级精英就在马云身边，马云天天跟他们在一起，就等于读天下最高水平的书。

事实上，读书"救"过马云。

马云曾经高考落榜，辍学后打工，去肯德基应聘，没有应聘上。后来蹬三轮在火车站送东西，偶然间在火车站附近捡到一本路遥的

《人生》，他看完之后突然醒悟：不读书不行。于是他又回去复读，考上了杭州师范学院，这才有了后来的阿里巴巴。

所以，毫不夸张地说，没有路遥的《人生》这本书，就没有今天的马云。

为什么我这么强调读书？因为读书对培养品格至关重要。

白岩松说："我年轻的时候有幸读到一套曾国藩的书，时隔多年，我重新再读，发现很多情节忘得差不多了，但里面的价值观，早已经变成我的了，成为我品格的一部分。"

书的神奇之处就在于它可以化为你无形的养料。

作为一个投资人，我一方面需要投资专业书，一方面还需要读杂书。为什么杂书也要读呢？因为股市本来就是杂的，太目的性、太功利性反而不适合股市。我当初写《龙头信仰》的时候，编辑拿到稿子一看就觉得"不对劲"，因为书上的内容很多与股票"没有关系"，太杂。在编辑的概念里，股票书应该写股票，但在我的概念里，股票书和其他杂书的边界是没有那么清晰的。

也许有人会问："读微信公众号的文章，读大 V 的微博，读网上的炒股帖子，能不能代替读书？"

肯定不能。

为什么？

因为那些都是浅阅读，是零碎阅读，你读的时候不系统，对方写的时候也不系统。

凡是没有系统的阅读，都难以引起质变，难以让自己脱胎换骨。

也有人问:"市场是最新的,书上写的都是过去,读书对炒股有意义吗?"

此言更是差矣!

股市的表面是新的,但深层逻辑是旧的。太阳底下没有新鲜的事物。如果你觉得股票都是新的,那说明你没有思考到本质。

网上帖子和微博,绝对很新鲜,但都流于表面。深层价值观的建立,必须靠读书。

还有人问:"股市靠练习,靠实战,读书岂不是纸上谈兵?"

同样是错的。

我搞不清楚,为什么在其他很多领域看书和实践不矛盾,而在股票领域,很多人认为看书和炒股矛盾。

哪个名将不读兵法?难道读兵法就等于不行军打仗了吗?哪个大艺术家不读书?难道读书就不创作艺术了吗?

股票也一样,看书和炒股实践从来不是矛盾的,而是相得益彰的。有炒股实践,经常练习,才知道什么是好书,才知道怎么读书,读哪些内容;而能读到好书的人,才能更好地深度思考股市。

更有人说:"股票书都是不会炒股的人写的,真正的炒股高手没有人写书,所以读书没有什么用。"

这个误区更需要澄清。

A股文化中有种很不好的现象,确实很多股票书都不是炒股的人写的，有的人专门以写书为能事。记得国内有家出版社当初跟我谈稿子，一开始就跟我说，我们社签约的作者都是很厉害的人物。我问编辑如何厉害。编辑说："一年能出三本书。"

我炒股近二十年，才能写出五本书，对方居然一年写三本。

这反映了国内股市文化很奇葩的一面。

但即便如此，我依然能看到很多好书，我们国内的新华书店里有很多实战高手写的好书。虽然有的书不能面面俱到解决我们投资中的所有问题，但是那些书的思考深度以及观察问题的角度，绝对值得我们读一读。

也许某个作者水平不高，但他有几个看股市的角度确实能帮到我们。

我看书从来都不是要正确答案和观点，而是发现新的角度和思维过程。所以，如果从这个角度去看，而不是希望从书上找到"独孤九剑"，那么国内有很多好书。

如果因为作者的水平不如我们而不看书，那么巴菲特、徐翔岂不是没有书可以读了？

徐翔就说过："我学习股票，看书、听券商培训，也看国外投资方法。三人行必有我师，对宏观经济也懂一点。"

"三人行，必有我师。"这句话太对了。

总之，读书其实意义无穷。

读书能拓宽、加深我们对这个世界的理解，神交古人，神交能人。

如果你身边没有顶级人物，想要发生"质变"，唯有读书。

否则，你的价值观、你的炒股水平，就只能由你身边的大妈、阿姨决定，再多一步，也不过是由你的朋友圈来决定。

如果人生有惊蛰，如果股市有惊蛰

二十四节气中，我最喜欢两个节气，一个是惊蛰，另一个是小满。

> 惊蛰是诸物醒，
> 惊蛰是春雷乍，
> 惊蛰是春风十里，
> 惊蛰是万物生。

一年之计在于春，其实就是说大事谋之端就在惊蛰。
惊蛰是一个美妙的节气，于国于人都是。
如果人生也有二十四节气，那么惊蛰是什么阶段？
我觉得应该是 14~18 岁。
初懂人事，懵懵懂懂，各种生命特征刚刚表现出来，对未来充满无限理想和希望。

对于我们每个人，这个阶段恰恰处于高中之末，大学之前，这是每个人最美好的一段时光。此时的努力和决定，将会对人生产极大影响。

如果一天有二十四节气，那么惊蛰是什么阶段？

我觉得应该是早上5点到7点，即卯时。太阳刚刚露脸，热量还稚嫩着，举目望去，可以直视。

其实，最应该起床的时间就应该是这个时候。我听过好几个有名老中医的观点，他们都说，惊蛰起床（5点）最有利于身体健康。

很多人喜欢熬夜，喜欢感受夜的气氛，其实这是逆天道的。如果按照二十四节气，人应该早起。因为惊蛰了，大自然的万物都醒了，你还睡？

所谓合天地而起居，《黄帝内经》里说的"法于阴阳，和于术数，食饮有节，起居有常"，就是要我们惊蛰起。只可惜，5点起来感受天地的人太少了。

几年前，我遇到一位师父，我问几点起来好，他说是早上4点半。我做不到4点半，就推迟一个小时，5点半起来。那个时候，每天早上起来，可以清晰地看到东方天空的鱼肚白，那种感觉仿佛回到童年的乡间看自然，美妙极了。

今天早上，惊蛰起来，我围绕几个街区散步几圈，突然觉得日光和空气都特别不一样。以前每天早起就是看新闻、看股票，当心里全没有这些，感受清晨，是最惬意的。

只可惜，散步到最后，又想到了股票。

如果股票也有二十四节气，那么惊蛰是什么阶段？

这些年，A股流行情绪周期理论，其实我觉得，中国的二十四节气比任何周期理论都好。

中国的三元九运，完美地诠释了周期。中国的二十四节气，完美地诠释了情绪。只可惜很多人舍近求远，去另起炉灶，而不是求法于自然。

我本人喜欢用二十四节气来划情绪周期阶段。惊蛰在我的体系里，是最美妙最有魅力的阶段：周期初动，龙头初现，见龙在田。

这个阶段，龙头还不是很高，情绪也没有过分发酵，但新周期已经开启，新题材正初现峥嵘，对于先知先觉的人来说，已经可以看出龙头的端倪。

如果说大自然的惊蛰是惊醒虫儿和春风，那么股市里的惊蛰就是惊醒最聪明的游资，他们此时布局龙头，然后等着散户来发酵。

衡量一个人龙头战法水平的高低，有一个很重要的标准，就是看他是否能在惊蛰阶段发现龙头。

如果等到立秋了再发现龙头，那就太后知后觉了。如果夏至发现龙头，往往是买在山顶。当然，小满发现龙头，是最后一个窗口。最好，还是惊蛰发现龙头。

这个时候，龙头不是绝对确定，但它的气质和神韵已经开始展现。长期做龙头的人，应该能感觉到：就是这个眼神，就是这个味道。

此时，往往是456板的时候。没有89板熟透的顾虑，也没有12板瞎猜的鲁莽。456板正值惊蛰，恰当其时。

既非先手，也非后手，而是正手。

总之：

惊蛰，

就是冬眠的动物开始醒来，

就是春风开始敲门，

也是机会开始来临。

对于人生来说，最幸福事就是在惊蛰阶段就明白人生的方向；

对于一年来说，最重要的事就是在惊蛰阶段能布局好全年的事；

对于一天来说，最好的习惯就是惊蛰能起来，开始谋划一天；

对于股市来说，最关键就是惊蛰阶段就能看明白谁是主线谁是牛股。

惊蛰是大自然智慧。

你我，何不用好这个智慧？

最爱是小满

二十四节气是中国古人充满智慧的发明。在二十四节气中,我最喜欢的节气有小满。小满是一个非常特别的节气。

特别在哪里呢?特别在有小无大。

二十四节气的其他节气中,有小必然有大,比如小暑之后是大暑,小雪之后是大雪,小寒之后是大寒。唯独小满之后,不再有"大满"。这是中国人独有的智慧!因为中国古人认为,做人不能太满,要时刻保持谦虚和忧患,所以二十四节气到小满后,就不再设一个大满的节气了。

其实这个道理,在《周易》也有表述,八八六十四卦中,最好的一卦是谦卦。

劳、谦。君子有终,吉。

谦卦的客卦部分是坤卦,是地。主卦是艮,是山,山隐藏在地底下，说明山很谦虚，把自己的锋芒都隐藏起来。

谦虚，谦逊，大成若缺，大盈若冲，保持低姿态，高筑墙广积粮缓称王，这就是谦卦，这是周易的智慧，也是小满节气的智慧，小满即是圆满。

那么，小满过后是什么呢？

是芒种。

芒种也称忙种，前虽有小满，后还需继续耕耘，预示人生的另一层深意。奋斗无止境！

其实，我喜欢小满，除了上述哲学意义，还有小满节气本身的迷人与浪漫。

> 小满小满，麦穗渐渐饱满，
> 阳光铺满思念，风景漫山看遍。

这个节气，风光是最美的，不信，大家周末去郊外、去农村看看，去景区看看，去大自然看看，一定满是喜悦和希望。

小麦和其他庄稼即将成熟，但还没有完全到收割的时候，这种感觉是最充满希望的，也是大自然最有"青春躁动"的感觉。

以前小的时候，在农村生活，每到这个节令，都能闻到空气的香味，泥土的香味，也能采摘到那种属于乡下才有的果实，比如桑葚。而且，这个时候也是我们逮泥鳅、黄鳝乃至青蛙的时候。

总之，小满从名字到实质，都是让我着迷的。

这些年我也在琢磨股市的周期，我习惯用二十四节气来类比股市的周期。在股市中,大家都害怕高潮,因为高潮容易被收割。高潮是什么?如果用二十四节气来比拟,我认为高潮是夏至到立秋那一段。那个时候,是待收割。高潮之后,也就是立秋之后,便是秋后问斩了,一场秋雨一场寒。散户再赚钱就难了。

所以,赚钱也要看阶段,看节令。

小满对于股市是什么意义呢?

小满是高潮之前难得的黄金期。周期走到小满,市场的牌还没有打光,大家还充满希望,主力也没有收割的冲动。这段时间是难得的散户和主力抱团赚钱的美好时光。

如果小满过了,进入芒种了,周期就离高潮近了,至于夏至之后,就是明牌了。就像这几天的华为汽车概念,一会儿小康,一会儿长安,一会儿北汽蓝谷,连消息人士的传言都用上了,说明是真明牌了。这个时候,大家才知道处于小满的阶段是多么幸福。

小满是似明非明,

小满是似熟非熟,

小满是一半丰收一半希望,

小满是一半春的气息一半夏的狂想

——今生最爱是小满!

一层理出一层技：战术思考

把问题解决在盘中

很多人有一种错觉：对市场全知道。

比如：谁是龙头，谁是补涨，谁是主流，今天为什么涨停板多，又或者为什么"核按钮"多，谁比谁好，某某股涨停的原因是什么，谁的上涨又是因为谁的带动，等等。

确实，貌似全知道。

但我要说，如果你是收盘后看各种公众号、抖音以及其他自媒体才知道的，一点用都没有。

并非因为已经收盘，而是因为这些东西是别人（也可能不是一个人，而是一个专门写自媒体的团队）整理好的，你是"被输入"才明白的。当别人把龙头、补涨的标签贴好，你被动知道，表面上你了解一切，其实你不了解。

除非，你不读任何复盘公众号，不看任何自媒体贴标签，通过自己分析去知道。

即使如此，我觉得还不够，除非这些事情发生在盘中，发生在"战场上"。

我见过太多的人，谈起龙头、谈起市场头头是道，但那是在盘后、在一个股票涨停之后，而不是在盘中、在动态奔跑的瞬间。

互联网时代，信息传递太快，很多游资和炒股的朋友，不但有微信群，还有语音群，盘中任何变化，几乎是毫秒级别的传播。别说盘后知道谁是龙头，就是盘中知道，有时候晚一点都不行。

当你锁定一个机会，必须是涨停之前知道，必须是能买到之前知道才有意义。

而涨停后，收盘后，你再知道，已经比别人低很多很多个段位。

所以，对我们来说，最需要的是锻造自己盘中解决问题的能力。如果盘中看不明白，盘后通过看各种自媒体才明白，或者盘后想半天才明白，表面上"对市场全知道"，实质上还差很远呢。

这就回答了，为什么很多人谈起市场，说起龙头，无所不知，但是一到盘中就蒙。不知道所以然还总归咎于没有知行合一，其实哪里是知行合一出问题，本质上就是无法在盘中做到真正"知"的问题。

怎么解决？

第一，不要去偷看别人的作业。

要自己认真复盘，通过自己的解读得出市场的答案。如果看别的自媒体复盘文章看久了，自己的机动能力就弱了。

第二，思考和总结大于复盘。

很多人收盘后，喜欢陷入"重复式复盘"。复盘当然是要的，但总结和思考，特别是反思，要比复盘重要得多。对于做龙头的，复盘没有那么烦琐。市场的核心就那么几个，关键是：

洞悉龙头的新规律；

思考深层次的市场关系；

特别是反思自己的解决方案是否适合当下和未来；

自己对龙头的解决维度是否优于市场上其他龙头选手。

第三，尝试盘中解决一切。

我们知道复盘重要，但复盘再重要，也没盘中重要。如果一种"知"无法在盘中做到，要告诉自己，这还不是"知"。不要麻痹自己，仿佛该知道的都知道，还需要反复磨炼。

第四，要做到盘中解决问题，必须盘后对一些规律和道理彻底通晓。这一点最重要。

这种通晓不是通过读别人的复盘文章得来的，而是自己推敲出来的。要做到这种推敲，必须反复思考龙头骨子最深处的禀性，必须提炼出几个死而无憾、赴汤蹈火都要去交易的可信场景，必须抓住龙头最有别于其他股的特性。

这四点，我们共勉！把问题解决在盘中。

你的交易，应该是别人复盘的对象

很多朋友，经常爱看别人的复盘文章。

总觉得有的大V或一些大佬复盘得很好，每次研读都收获满满，貌似可以俯瞰市场，可以有碾压别人的大局观。

然而，我要说：再精彩的复盘，都不如你在盘中已经做到的。

自媒体发达的今天，我们要的不是盘后多么精准和周密的复盘，而是盘中完成交易。

也就是说，如果我们的交易，是别人今天晚上的复盘作业，那我们的交易就是成功的交易。

短线的江湖，今非昔比。很多方法和逻辑并不是不知，而是能不能做到在短的时间内知。人和人的理解力，比的不仅仅是智力，还有体力和敏锐力。也就是说，同样都理解到了，如果你比别人晚两个小时，甚至半个小时，更甚至晚一分钟，你就比别人差几个段位。

更何况晚八九个小时，等别人姗姗来迟的复盘文章？

所以，我前面的文章叫"把问题解决在盘中"。

凡是不在盘中把问题搞清楚的，你盘后再厉害，也落人一子。如果是超级龙头或超级行情，倒是无妨。但如果是普通行情，落后一天，就是天壤之别。

曾经有朋友问我，能不能根据大佬龙虎榜来买卖。我问他为什么。他说："那些大佬都是成功者，我看他买什么我第二天买什么。"我听罢只为他捏汗！A股的魔力在T+1和涨停板制度，你抄袭龙虎榜，怎么摆脱制度的伤害？人家享受了优先权，你这样做不是人为刀俎，你为鱼肉吗？

其实，看复盘文章跟看龙虎榜炒股是一个道理。

看起来都很精彩，但那是别人的表演。

我们只能看，不能简单地跟，如果要跟，只跟他们的逻辑和方法，跟他们观察事物的维度和视角。

至于那些代码和个股，真的不要去抄。

因为这些代码和股票，本应该属于盘中去完成的，你何苦第二天去折腾它们？

好的交易，都应该是盘中去完成的！

盘中完成的一刹那，就应该感觉到，它是今天老师们复盘的对象。

不好吗？

盘中解决问题的能力

很多人有复盘习惯,当然我自己也有。

但复盘再重要,都没有盘中重要,特别是短线。

如果是长线,相反,我认为复盘比盘中重要;而如果是短线,盘中几乎就是七寸。特别是在当今。

为什么?因为今天微信、抖音、互联网的传播效应在加快。

一个好股票,一旦确定市场地位,就必须盘中占有它,或者占有它的梯队。如果等到明天,就容易没有舒服的买点了:或者涨停,或者开得非常高,要么成功,要么"核按钮"。

这种情况下,即使你知道买哪个,也会很尴尬。

所以,盘中把问题解决就变得非常重要。

其实,这不是不要复盘,而是把复盘提前,即在盘中就应该把盘后的很多问题完成。

比如：主线在哪里? 明天怎么走? 市场情绪如何? 人气在哪个赛道? 明天攻击路线图是什么? 做哪个板? ……

这些问题必须在看盘的同时完成，而不能等到收盘之后。

就是说，现在的竞争对我们的要求是必须把盘后的工作放到收盘前，把日线级别提升到日内级别。

这种转变对很多人来说吃不消，特别是非专业炒股人士，平时有工作的朋友。但必须尝试改变，因为你盘后看到的很多东西，也许是别人盘中就已经做完了。

这种转变，其实就是传说中的降维攻击。

只不过，这是时间级别维度的降维。

如何完成这种降维? 核心是转变观念：

- 盘中交易的时候，不仅仅要看到当下怎么做，还要想到，明天会怎么样。
- 不仅仅跟今天的人竞争，还要跟明天的人竞争。

最好的复盘是"盘中复盘"，
在听见炮声的地方呼唤炮火

针对中短线交易的龙头选手，我一直强调"盘中"的重要性，反复说：

要把问题解决在盘中。
你的交易应该是别人的复盘对象。

为什么盘中重要？因为盘中就是战场本身。而战场的问题，必须在战场解决。

今天再提出一个重要的思考，那就是：

复盘最好也应该在盘中完成。或者说，最好的复盘，其实是盘中复盘。

提起复盘，很多人觉得应该是盘后的事情，比如收盘之后，整理战场，看看市场发生了什么，梳理出市场的脉络，然后再阅读一堆文章，参考下大佬大Ｖ们的观点，最后制订明天的计划。

但互联网时代，特别是自媒体时代，这种复盘慢了。如果你是做长线的，这种复盘没有任何问题。但是，如果是你是做中短线的，特别是你是做龙头的，这种复盘就显得不足了。

还必须加上更重要的盘中复盘。

很多人有个误区，就是盘后复盘得出的计划叫"计划"，盘中 4 个小时通过观察和思考得出的作战方案不叫"计划"。

其实，这是不对的。

我曾经跟几个私募大佬交流过这个命题，我们的结论差不多。交易你的计划，计划你的交易，这个"计划"并不能简单地理解为昨天晚上的就叫"计划"，盘中思考的不叫"计划"。而应该说，你模式内的，经过理性和深刻思考的，都叫"计划"。如果接受这个观念，那我们就很容易认可盘中复盘的重要性。

所谓盘中复盘，就是盘中 4 个小时之内动态适时把盘面梳理清楚，如果需要执行的，盘中就执行完毕。不要人为地为了复盘而复盘，为了显示自己的按部就班而故意把今天的决策拖到明天。

我们不妨思考这个问题：盘中和盘后哪个重要？

肯定是盘中。因为盘中是执行交易决策的。

其实，盘中还是用来复盘的。你看盘过程就是在复盘，而且是比收盘之后更重要的复盘。

既然盘中是在复盘，那么复盘出好的股票，当然要盘中就执行，而不能拖到明天。所以，明白了这点，也就明白了我为什么倡导"把问题解决在盘中""让我们的交易成为别人的复盘对象"了。

收盘之后的复盘并不是不需要，但容易给人一种错觉，那就是盘后什么都知道，但盘中容易做错。

记得以前看《三国演义》、看战争史，总感觉里面的人好笨。敌我形势清清楚楚，敌人从哪来，埋伏在哪里，哪个主将厉害，兵马粮草在哪里，都清清楚楚。为什么里面的人物看不清楚？

其实，我们之所以看得清楚，是因为作者站在上帝视角，已经帮我们"复盘"得清清楚楚了。而身在局中的历史人物，他们哪里有人帮着复盘？

历史学家和文学家看了无数史料，站在事后全息视角，为了让读者看，才把战场形势写得一目了然。而身在战局里的人，他怎么可能跳出自己的局？

这跟股市一样。只要收盘了，谁涨停，谁是龙头，谁是最热门板块，看看一些大V的复盘文章，我们就一目了然，仿佛炒股很容易。

但这是盘后，这是读了别人的复盘。别人也是收盘后信息明朗之后，才写给你看的。

有本事，你盘中就知道。

有本事，你盘中就复盘明白。

所以，最重要的是盘中，而不是盘后。复盘的关键是盘中边看盘边复盘，而不是收盘后为了复盘而复盘。

现场感，现场中，是我们最应该发力的地方。

我曾看过任正非的一句话，他说："让听见炮声的人呼唤炮火。"后来他又把这句话改为"让听见炮声的人指挥战争"。其实就是解决信息和决策对称的问题。

盘中复盘也有这种味道，就是在关键的盘中时间把问题搞明白，在听见炮声的地方直接呼唤炮火，在盘中把问题解决掉！

然后，把谈资留给别人。

你做战场上的主角，让别人来写春秋。

股票反着买，别墅靠大海（一）

向一些世外高人请教时，我经常会听到一些高人的口头禅。

比如，有的大佬常挂在嘴边的话是"涨多了就跌，跌多了就涨"，还有高手的口头禅是"不熟不做"，等等。

在诸多的口头禅中，让我印象最特别的是这样一句：

股票反着买，别墅靠大海。

不止一位高人跟我说过这句话。这说明，大家对逆向思考有多么重视。越是高手，往往越是善于逆向思考的人。因为股票是反人性的，只有反着去做股票，才能脱颖而出。

反着想，反着买，一直是我想分享给大家的思维。但这个话题其实不好讲，因为讲不好容易流于泛泛。今天，我努力从具体的细节出发把这个讲清楚。

记得我很早就分享过这样一个故事。有一天，我去石家庄做客，当天晚上，来了好几个喜欢做股票的企业家。有一个这样问我："我跟着著名游资的席位买可以吗？我看他今天买什么股，我第二天开盘就买那个。"

听罢，我反问道："你试验过这个方法吗？"

对方回答试验过。

我问效果如何。

对方说："就是效果不好才问你呀！"

我说："你知道你这么做意味着什么吗？你这是让游资一步棋。如果市场好，或者遇到超级大牛股，或许能赚；但是如果遇到普通行情或者平常的股，一定会反复大亏。"

其中原因很多，可以从不同的维度去分析。我只想聚焦一个维度：顺着买和反着买的维度。

他这种做法是典型的"顺着买"。

顺着买最大的问题是，单相思思考问题。股市是多空博弈，逆向思考、反着买才更能保护自己。

怎么逆向思考呢？

比如，我们可以这样想：

这么多著名席位都买了，明天谁来接力呀？

这些人买了这么多，会不会周期到了末端了？

这些买盘，是不是意味着明天的卖盘？

当这样思考的时候，我们就会为那些简单的跟随龙虎榜买入行为捏把汗，那是多么单纯的一厢情愿呀！

这样的例子非常多，我们这里不妨多举几个例子。

前几天，某股出现大量机构卖出，同时某著名游资也卖出，很多人看到龙虎榜后，顿时悲观起来。

就是下面图 2-1，机构这一天卖了很多。

我跟那些悲观的朋友说，你们有没有想过，这些人早点卖出，是不是说明砸盘和捣乱的少了呢？

同样道理，14 号的时候，又来了一大批豪华席位，我们看图 2-2：

机构专用		0.00	0.00%	1.51亿
机构专用		0.00	0.00%	8024.82万
华泰证券股份有限公司上海牡丹江路证券营业部	新生代	441.23万	0.16%	6343.81万
机构专用		0.00	0.00%	5147.85万
光大证券股份有限公司东莞石龙证券营业部		45.09万	0.02%	4844.86万

图 2-1　某股的成交龙虎榜卖出席位图

营业部名称	买入金额(元)
机构专用	1.47亿
深股通专用	1.12亿
中信证券股份有限公司西安朱雀大街证券营业部　方新侠	1.10亿
华鑫证券有限责任公司湖州劳动路浙北金融中心证券营业部　湖州劳动路	7881.94万
机构专用	7131.21万

图 2-2　某股的成交龙虎榜买入席位图

很多人看到这个龙虎榜那个开心，仿佛坐等躺赢。我反而担心起来，因为这说明盘面很重了。

上面有些席位是一些朋友，我也不方便详细展开，在这就点到为止吧。我只是用这个作为例子，来说明反向思维。

其实，反着想远远不止这个层面，还有很多方面。

比如：凡是小作文满天飞的股票，除非第二天一字涨停或者高开秒板，否则我都会卖掉。顺着想是新闻加持，但逆着想呢？连小作文都出来了，这个股还有什么盼头？特别是，以股票名字作为小作文名字的股，都是要小心的对象。

让我印象深刻的是一个叫国轩高科的股票，因为这个事情过去很久了，我可以点这个股票的名字了。有一段时间，无论是在哪一个一线城市，都有无数人跟我推荐这个股票。如果顺着想，说明人人都看好，应该买。如果逆着想呢？那么多人都买了，都在推了，说明没有买盘了。所以，我当然不去买它了。这样的股票还有很多，我能讲出一大串，比如雅本化学、爱康科技、金龙鱼、露笑科技、物产中大等。

小作文如果算是消息面方面的，还有一种就是市场面方面的，就是怎么面对涨跌的。

有一种人，我是最受不了的。那就是涨了就拼命去找利好，去找公司好的证据，跌了就立即悲观，去找不利于公司的新闻，然后到处散播悲观情绪。比如，前几天，某个著名的股票天地板跌停，我看到很多人就开始散播更大的悲观，说会有多少个跌停板。并说"新冠防控"放开了，不需要什么了，云云。这种人是典型的缺乏"宁做我"的风骨。

还有一次，关于放开政策被澄清，很多人马上悲观，觉得第二天又要暴跌了，这种人是典型的从众思维，因为记者这样引导嘛。当天，我有点看不惯，就写了一篇文章《为什么非要从传闻的角度证实或证伪》来反着大众情绪去思考。我的观点很明确，很多问题我们要反着看，别看政策澄清，但是政策的方向和大趋势是清楚的。再说，市场的涨是因为跌多了，需要一个反弹，与新闻的证实和证伪有什么关系呢？

不止这一次，我发现大多数的集体情绪，比如集体看多，或者集体看空，第二天都容易反着走。比如 2022 年 11 月 10 日，全球股市都暴涨，A50 在第二天，也就是 11 月 11 日盘前也暴涨，几乎所有人都摩拳擦掌，但就是这一天，几乎是最近"核按钮"最多的那一天，天地板都好几个。

股市何曾买过"集体共识"的账？

所以，悲观或者乐观，我们要反着看。

跌了就散播悲观，涨了就鼓吹踏空，这种人，这种思维，是最应该远离的。

每当这个时候，我们都应该提醒自己：

股票是反人性的，若能反着买，别墅靠大海！

股票反着买，别墅靠大海（二）：
当别人都不看好时

大家有没有遇到这种情况，就是几乎所有人都不看好某个股，所有关于它的讨论都是悲观的，甚至是漫骂的。

凡是遇到这种情况，我都会高度留意。

因为这里面藏着"股票反着买"的机会。

我给大家讲一个真实的案例。

2021年4月21日前，几乎所有的新闻都铺天盖地地报道华为汽车，特别是小康的车开入华为专卖店的新闻。当时，群情激昂。而小康的股价也连续走了两个一字板。在当时的人气排行榜上，小康股份（现在已经改名赛力斯）绝对是人气榜第一名。

然而，在新闻最高光时刻，在所有人都想买它的时候，该股跌停了，见图 2-3。

图 2-3 赛力斯走势图

不但它跌停，当天其他汽车股也几乎都跌停。

就这么一日之隔，小康从天堂到地狱。收盘之后，几乎所有的人都骂小康，骂汽车股。骂内幕消息，骂消息出来见光死，骂昨天晚上宣传报道它的媒体。骂它的，不仅有散户、游资，还有很多大佬。有的甚至说它是个骗局。

也有一些早期就潜伏进去的大佬幸灾乐祸地说，他已经卖光。这种言论更加剧了市场的悲观。

事后看，小康又涨了，当时只是一个洗盘而已。但当天晚上可没有那么轻松。负面情绪发酵，悲观到了极点。而且，当时很多汽车股几乎集体跌停，更加渲染了悲情氛围。

绝大多数人都觉得汽车赛道是利用华为的消息，做个见光死。

在这个最悲观的时候，我想：

如果在这种人人都不看好的时候，它反而涨了，我该怎么办？

这就是当天我一直想的问题。

第二天，前半个小时小康股份的分时，见图2-4：

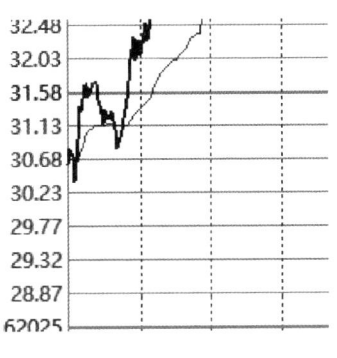

图2-4 小康股份分时图

当时我不敢确定它会怎么样，只是有个念头萦绕：人人都不看好它，那是谁在拉升它？

后来，这个股持续拉，终于在3至6点之间我下定决心：反着悲观情绪的，一定是超级主力。此时就应该反着干！

当天，我做出了那一年最正确的决定：几乎全仓买它！

买它的全过程没有任何技术成分，只有一个东西：既然人人都不看好它，那它的强，才是最真实的强！

后来，我把这作为我的理念之一。

当然，人人不看好并非简单的人弃我取，而是一种综合功底，这个股我也跟踪了很久。我只不过反向利用别人的悲观，来求证我的某些判断。

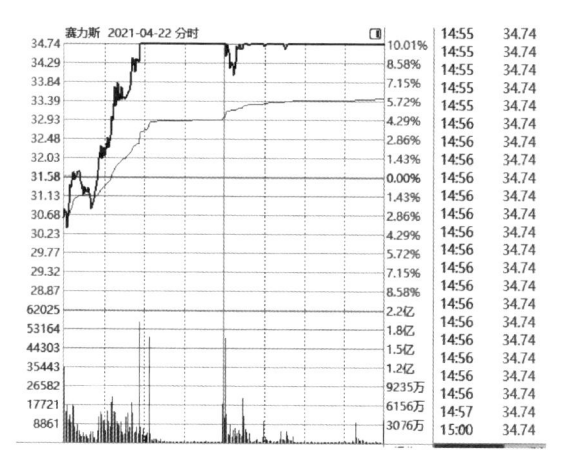

图 2-5　赛力斯分时图

这里面的学问也许一两句话说不清楚,但是这个理念我先分享给大家,希望能够启迪大家一起思考。

共勉!

小作文反比定律

一波行情、一个板块，与小作文成反比。

小作文出现的量和频率最多的时候，往往是那个板块就要调整的时候。也就是说，一个板块，大家一知半解的时候，往往涨得最好，当小作文让人人都知道、当小作文不厌其烦地把归类整理好的资料发给你的时候，就是股市剧烈波动的时候。

特别是小作文把每个细分板块列成表格、细分到毛细血管的时候，往往是这个板块最难做的时候。

这就是小作文反比定律。

其实原理很简单。小作文是谁写的？一定是持仓者写的，包括很多做补涨挖掘的资金持有者写的，或者说这类资金持有者写得最多。大多数人都已经买了，是不是股市就难做了？

什么是补涨？补涨就是针对领涨的股、涨高的股进行对标式上涨，就是看齐补涨。当这批资金都买上了，是不是说该买的都买了？

一个板块的初期阶段，市场处于懵懂、怀疑和观望状态，没有那么多小作文，因为领涨的空间都没有打出来，很多资金都还没有进去，甚至连写小作文的人都还没有搞懂是怎么回事，不可能有那么多小作文出现。

小作文其实可以看作行情演进阶段的识路牌和风向标。

某个板块小作文数量少的时候，是行情的初始阶段，这个时候，大家手里都没有货，都没有买足够的筹码，只要大家看好这个行情，会有源源不断的买盘涌入该板块。这个时候，是行情最好的时候。

不过，由于小作文数量少，科普的工作没有人做，这个阶段其实大多数人都是一知半解的状态，但恰恰就是这个阶段，其实是入手的最好阶段。

这个阶段，我称为开垦。

一旦小作文多起来，就说明越来越多的人都已买了足够多的筹码，都有兴趣做科普了，这个时候，只要有任何一部分人收割，市场就开始震荡。因为此时，写小作文的和看小作文的，几乎都手里一堆货，大家都是有货的人。都有货，是不是都成空头了？

这个阶段，几乎人人都是专家，每个人都对这个板块里面的各个知识点了如指掌，但就是很难做。因为你手里和别人手里，都有这个板块里的货了。此时此刻，最害怕的是陷入一种"莫名的自信感"和"莫名的胆大感"：很了解这个行业，很了解相关公司，知识储备很多，也很自信，甚至有一种无所不能的感觉，但是就是赚不到钱。

套用一句话，此时此刻，"贼心"也有了，"贼胆"也有了，但"贼"没了。为什么"贼"没了？因为"贼"都在"贼船"上了。

大家想想也知道，最好偷东西的时候是不是贼少的时候？话糙理不糙，就是这么一个道理。

其实，小作文本身并没有问题，小作文的数量才是问题。任何阶段都有小作文，但是小作文不能海量出现，海量出现代表海量筹码持有某个板块。

这就是小作文反比定律。

小作文的数量与行情难易程度成反比。我们要做某个板块，就要在小作文少的时候做。小作文一多，就要小心了。

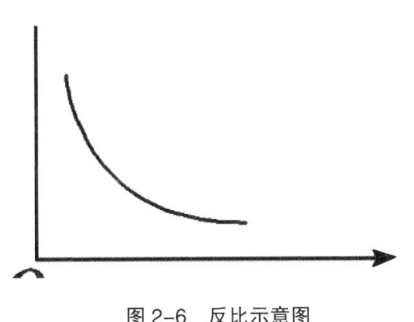

图 2-6　反比示意图

当然，这里是说难易程度，并不是说小作文大量出现行情就结束了，而是说小作文大量出现就难做了。

如果某个板块冷却了，出现亏钱效应了，大家就怀疑和抱怨这个板块了，那么小作文数量就又降了下来，小作文就少了，这个时候该板块往往又容易在怀疑中再次爆发,反比定律再次显灵。

总之,就是反向理解这个问题。

这与我以前分享的一个理念是相同的,那就是:拳打两不知。

也与我曾经分享过的另一个理念是相通的,那就是:

股票反着买,别墅靠大海。

中位股风险：队伍的腐烂往往是从中位股开始的

通常情况下，中位股最不讨好。

如果周期往上进攻，为什么不直接买龙一？如果周期退潮，最大受伤的却是中位。

一个周期的崩溃往往是从中位股的腐烂开始的。所以说，中位股很不讨好。

就像一个单位裁员，顶层不能裁，真正干活的基层因为是不可或缺的劳动力，也有办法留下来，但中层要拿那么高的收入，养那么多人干什么？

所以，中层成了最危险。

股票梯队当中的中位，就像这个中层一样。风险偏好大的喜欢龙头，风险偏好小的做潜伏和首板。

中位高不成，低不就！

明白了这个道理，我们首先要回避的就是中位。

中位中最可怕的是那种不换手的。这种不换手主要表现为两种情况：

一种是一字板，根本不进行任何筹码交换；另一种是秒板，虽然六个T或者有个实体涨停，但是封板速度极快，几乎不进行筹码交换。

这两种情况都可归为不换手。

本来，不换手就是一种吃独食的行为，如果再与中位股叠加，就更风险莫测。

对于不换手，只有一种股可以，那就是领涨的龙头。但，如果不是龙头，又不在低位，还不换手，请问："你想干吗？你想登天吗？"

回顾股票历史，此类的股往往是"核按钮"的高发地。长期逗留于此，必然得不偿失。

中位本来就是不讨好的，不换手也是不讨好的，二者叠加，等于两个同时不讨好的东西碰到一起了，那还能好吗？

此种情况，就不仅仅是尴尬的中位了，而是要高度提防了。

希望诸位对此类股票保持高度警惕。

切记不要在此类股上受伤，然后又把账记到龙头身上。

因为这类股根本就不是龙头。

而是典型的"中层"！

要么龙头，要么下一个龙头，中间最好不要隔着一个"猥琐"的中位。

关于股票买点本质的思考

世界上很多事情，往往在你没有准备好的时候开始，在你已经准备好的时候就结束了。

好股票的买点往往也是。

好的买点，也喜欢在你没有搞明白的时候出现，在彻底明白的时候消失。

当然，这句话不绝对，或者我换句话来表达：

> 那些需要你"踮着脚尖"，稍微冒一定风险的买点，往往是好买点、高级买点；而那些让你觉得很"舒服""随便自由"的买点，往往是坏的买点、落于后招的买点。

经常有很多读者在后台留言跟我抱怨，说龙头买不到，买到的往往是杂毛。

其实这句话半对。龙头确实往往买不到，特别是一旦确定是龙头，在自媒体的传播下，动辄一字板，或者高开秒板。稍微不留神，或者对某些不是全职炒股的朋友来说，买到确实很难。

于是很多人看着龙头涨停不甘心，就去买一个同赛道看起来分时图没有那么烈性的股票，或者等龙头哪一天涨得没有那么烈的时候去买。

而结果呢？

往往看着龙头继续涨，而自己的股不涨。

问题出现在哪里？

出现在妥协、将就、差不多这种思维之中。

事实上，如果要求苛刻和严格，如果认真复盘和反复追踪历史数据就会发现，绝大多数龙头，都能让你买到。

只是这种买不是那么"舒服"，要么等，要么挤。

等什么？等龙头遇到分歧给你买点。

挤什么？如果龙头的门缝开了，挤进去。

很多人之所以等不得，挤不得，主要有几个原因：

要么是看到龙头涨停或者一字之后，没有耐心，顺手牵羊买其他股。

要么是不敢，龙头一旦给机会，又害怕了。叶公好龙，首鼠两端。

要么被其他股套了，没有斗志了。

要么是没有钱了，买了其他股了。

这些原因背后，都有一个心理，那就是轻易在选股上妥协，轻易在买点上失去决心，不够决绝。

很多时候，龙头并不是不给买点，而是它给买点的时候，你却不给它耐心和勇气。

所以，买点问题表面是买的问题，而背后却是同气相求的问题。龙头股与做龙头的人本身所独具的品格互相吸引，才是买点发生的本质。

张爱玲说，这个世界上最幸福的事情就是，你爱的人恰好也爱着你。

而做龙头股最幸福的事情就是，你想买的股，也恰好在涨势未尽之前给你一个上车机会。

关键是，当它给你机会时，你还在等着它吗？

先手，并没有你想象的那么重要

不知道大家有没有经历过这种场景：每当有人说某个股好，或者贴出交割单来炫耀，总有另外一个人扔出他更早买入的交割单。围观者立即"哇"一声。那意思是他好牛，买得更早，是先手。那哥们扔完交割单后，也是一脸扬扬得意、沾沾自喜，甚至内心还有一丝对后买者的鄙视和无限的优越感。

早年，我对这种先手者也是好崇拜，人家怎么能那么早就买？

那时，买得早、有先手甚至成了一种价值观，成了比别人厉害的标志。

我很久没有走出这个认知。

直到后来，经历多了，才慢慢发现，并不是那么回事。先手，并非天然正确；先手，也并非厉害的标志。

不再崇拜先手，也不再刻意为了先手而先手。

为什么这么说? 请听我细细道来。

有一次，我在深圳跟中兴通讯的高管一起吃饭，席间聊起中兴和华为。中兴通讯的那个高管说，其实，很多领域，中兴都是比华为先做。比如手机，比如新能源，比如逆变器，比如芯片，很多领域中兴都占先。

那为什么中兴通讯落后华为了呢? 我反问道。

对方说:"两个原因，一个是华为执行力更强大，更舍得投入，敢下血本；另一个是体制原因，中兴是国企。"

也就是说，先手在实力面前，并不占优。并不是谁先做谁就做得最好，而是看一个企业的综合实力。

其实，也并不仅仅是实力问题，有时候是火候没到，过于领先也容易出问题。

还是在深圳，我有次跟一个朋友聊天。他比较了解乐视。他说，乐视很超前，乐视的很多做法放在现在也很牛。包括华为的很多东西，比如建立××生态，其实是学当年乐视的。也就是说，乐视在很多领域都是先手。

但那又怎么样?

做得太早，如果条件不成熟，自身实力不够强大，不但不会成功，反而会因为过于超前而失败。贾跃亭再先手，又能如何?

在投资史上，最大先手的案例，莫过于李泽楷了吧! 他很早就买了腾讯，拥有绝对的先手。结果呢?

所以先手并不说明一定会如何。

历史上，最先参加革命的很多，但能坚持到最后的才是元勋，中途背叛、意志动摇及各种其他原因让"先手"成为高危也很正常。

股市与此很类似。

无论是浙江建投还是中通客车，也包括历史上的九安医疗、顺控发展，一板二板买入的大有人在，坚持到最后的寥寥无几，更多者是中途下车。

而当初所谓的先手，也许是误打误撞。即使不是误打误撞，而是千挑万选的买入先手，也未必不在第二天第三天卖掉。

正如《诗经·大雅·荡》曰："靡不有初，鲜克有终！"

先手因为买得过早，也往往有卖得过早的风险。因为定龙还没有确定，气势往往没有成，晃晃荡荡的过程中，很容易让先手的筹码卖飞，反而不利于锁仓龙头。

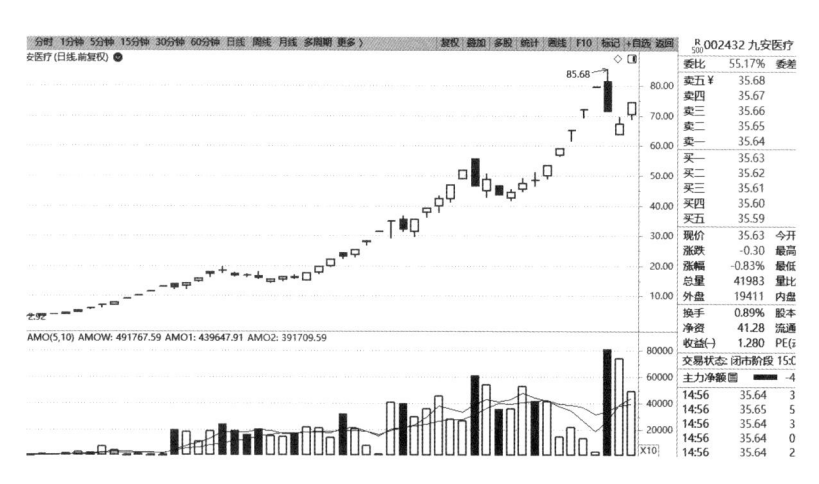

图 2-7　九安医疗走势图

所以，还有一句话：买得早，不如买得巧。

我有很多朋友都喜欢买先手，但他们更容易卖先手。上天给你抢先手的天眼，往往也会给你过早卖出的躁动之性。

除此之外，先手还有一个要命之处，那就容易失手。既然是先手，往往是最初发现，而且是条件并不成熟的时候，冒险性发现。这种时候，做成了就是先手，做不成就是失手。

所以，我们圈内还有一句话：先手和失手仅仅一线之隔。

其实，大家想过没有，先手只是一个买点概念，或者是时间优势的概念。过于把先手放到很高的位置，其实是强调买点大于一切，而在我看来，买点只是理解力的副产品。

如果不强调对市场本质的理解，不强调对买入标的市场地位和级别的理解，只去强调先手，其实很容易把战术置于战略之上，容易陷入对巧的追求。

特别是对龙头选手来说。

因为龙头本质上是接力的游戏，它比的是对接力的理解，是对后续还有多远的理解，而不是有没有占有先手。

如同战争，龙头选手最需要的是对战争性质和规模的理解，对级别和持续周期的理解，而不是纠结有没有占到先手。

如果作为战术，先手不失为一种战术选择，但它不是全部战术，更不能取代战略判断。

什么是战略？就是这个股的市场地位和接力的大周期。先手只是其中的一环。

我们可以用先手，事实上我也经常去占据先手，但我会告诫自己，先手仅仅是买入的一个点，不是全部。更不要把先手价值观化，让先手的买点高于一切。

因为，只要你把先手价值化，认为先手就比别人买点好，就比别人高明，那么，你内心深处就会无形地轻视接力、鄙视二次加仓。一旦这样，你就会在超级大行情中，失去持续加仓、持续重仓的战略能力。

我们可以先手，但不能纠结于先手，不能对它耿耿于怀，不能因为没先手，错过先手，就不再主动出击大级别的龙头。

很多人做不好龙头的一个重大原因，就是总觉得自己比别人买得晚，总觉得自己技不如人，总觉得自己买高了，总觉得自己吃亏。一句话，总觉得自己没有占到先手。

我认识很多顶级龙头选手，我发现他们的先手能力都不是很强，但他们有强大的锁定龙头能力。就是能够确定龙头的级别和性质，然后敢于在没有先手的情况下，依然重仓出击。

对确定性的把握和仓位能力，才是龙头选手的至高境界！才值得我们梦寐以求！

买得早，不如买得确定。

而确定，往往不一定在先手的时候。

当然，我的这种思路是龙头思路，而不是技术思路、打板思路、溢价思路、套利思路。对于后面这几种思路，先手确实很重要。

我并不是否定先手的重要性，事实上，对于打板的人来说、对于一些做补涨和套利的人来说，先手在某种程度上是很重要的。

但我们不要把先手泛化为一种价值观，仿佛失去了先手，这个股就不能做了。

对于龙头选手来说，我们不能让先手影响我们跟龙头的约会。

有时候，还真的是流水不争先，争的是滔滔不绝。

比起先手，我们更看重正手、狠手，同时，不放弃超级大行情的后手，因为有些后手，可能是厚手。

注

本文是专门为龙头选手而写，如果不是龙头选手，也许不适用，甚至格格不入。

神之一手

任何一个牛股,一个龙头,都存在一个最佳买点,即最理想的买点。

案例1:联环药业

图2-8十字线聚焦的地方,是该股起飞点。这一天的妙处不仅仅是首板、是临界点,而且是合上新闻事件和周期阶段的买点。该天之后,新冠疫情的新闻逐渐被媒体广为报道,该股则成为疫情赛道的灵魂股,充当了这一波行情的龙头。那么这一天,就是理论上的最佳买点。

案例2:道恩股份

如图2-9所示,疫情肆虐过一波之后,进入平静期。第一波行情的核心在于口罩本身,主要原因就是国内疫情。第一波之后,有没有第二波?如果有,谁来挑大梁?这成了当时最核心的问题。道恩股份启动的

一层理出一层技:战术思考   201

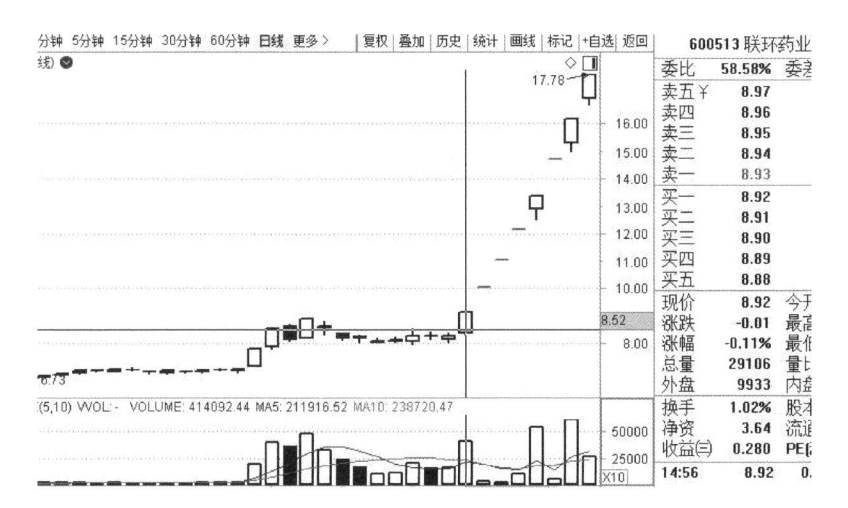

图 2-8　联环药业走势图

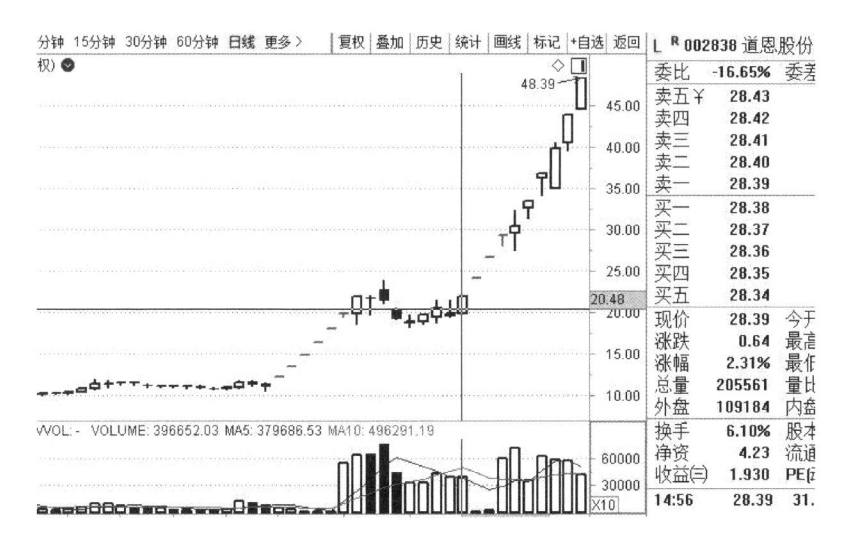

图 2-9　道恩股份走势图

时候,即图中十字星聚焦之处,口罩并没有成为市场焦点,因为很多人认为口罩会过剩,甚至认为口罩涨幅太大没有第二波。在这种情况下,道恩股份拉出了一个涨停板。事实上,拉板这一天,其他口罩股并没有跟随,也没有板块效应。该股封板之后,海外疫情突然发酵了。特别是韩国、伊朗和意大利。那么该股就成了当之无愧的疫情核心股。而这一天,也成了最理想的买点。

案例3:南宁百货

南宁百货是2019年的牛股,该股最舒服的买点是首板,当天姚振华拍到它的股权。而彼时市场喜欢股权转让概念,当年的宝鼎科技、九鼎新材、诚迈科技莫不如此。首板之后,姚振华取得股权的新闻就被无限放大,于是一路涨停。

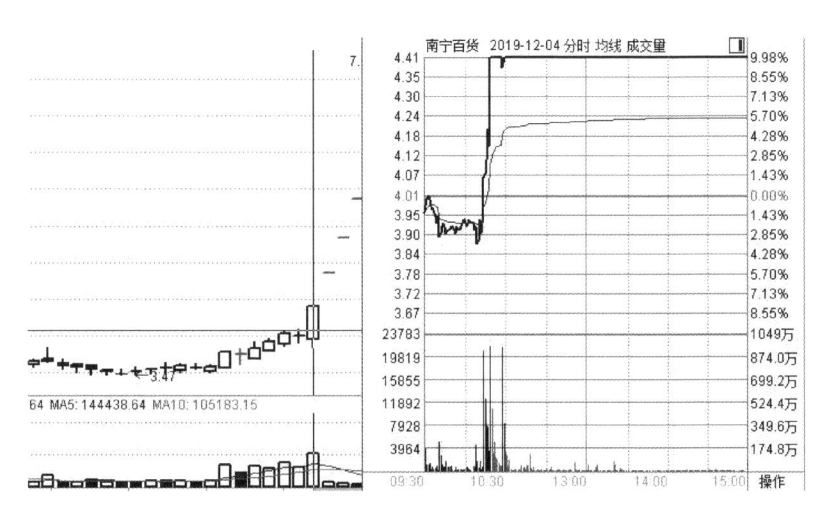

图 2-10 南宁百货分时图

案例4：王府井

图 2-11 十字聚焦之处，既是新一浪的起点，又是消息爆发的前夜。过了该天，王府井进入了免税牌照保护下的主升浪，也成了当时市场的龙头和风口。事后看，最佳的买点就是十字聚集处。

读到这里，很多人可能会说，明白了，所谓最佳买点，就是第一个涨停板，第一根启动 K 线。

其实未必，有时候，也许第二个或者第 N 个涨停板，才是理想中的最佳买点。

图 2-11　王府井走势图

案例5：浙商证券

浙商证券是券商那一波的情绪龙头，与光大证券并驾齐驱，引领了券商的年度行情。但浙商证券首板的时候，并没有这种气质，也就是说，它的首板，根本看不出来它是券商的情绪卡位龙，直到它二板封住后，光大证券又来坐实，其他证券来跟风，它的地位才变得无懈可击。复盘这个过程，我们发现，这个股最佳最确定最理想的买点是第二个涨停板，第二根 K 线处。

还有一些股票，第二个涨停也未能定龙，未必是最佳买点，我们看看下面这个股。

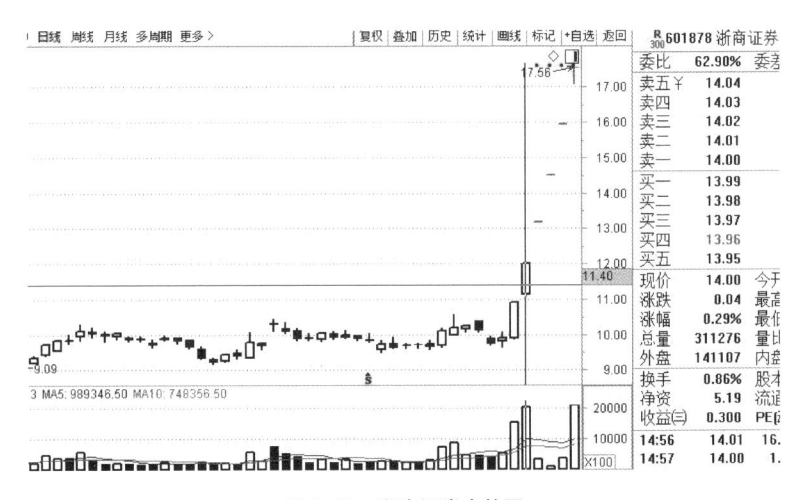

图 2-12　浙商证券走势图

案例6：豫能控股

如果按照 K 线数，该股在启动后，第 6 根 K 线处，也就是反包的那个涨停板，才确定它在市场上无与伦比的地位。前面的买点，也许是补涨买点，也许是技术买点。只有反包确定性质，同时从气势上压倒东风汽车，才能确定它的王霸地位。之后，才是一览无余的龙头加速。

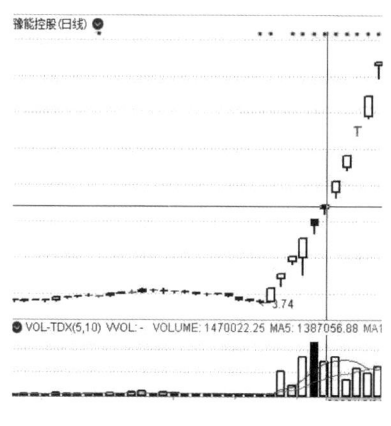

图 2-13 豫能控股 K 线图

以上是情绪龙头、黑马妖股的案例，其实白马趋势龙头，从理论上也存在最佳买点。

案例7: 贵州茅台

图 2-14 是贵州茅台，这个大家再熟悉不过。我认识一个深圳的波浪高手，精准地在 84.20 元那里，即图中十字聚焦处，定性该股为最佳买点。为了纪念这一天，他当天把这个判断写在自己的博客上。事后看，这个点确实是该股否极泰来的最佳点，从此之后，该股就开启了星辰大海，其魅力至今都无人能够匹敌。

好，打住，案例到此为止。

各位看官看到这里可能就会说，你这是马后炮，有本事那时那刻去指出。

对，这就说到点子上了。

所以，本文一开始就说，这里讨论的是"理想中"的买点。

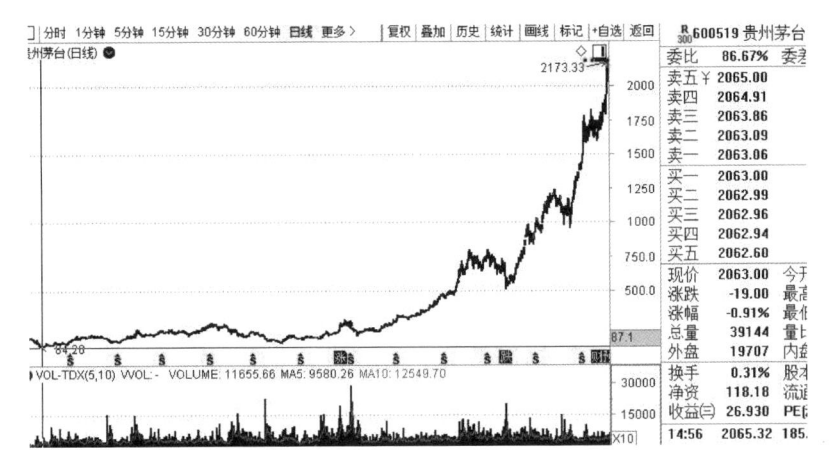

图 2-14 贵州茅台走势图

所谓理想中的买点，就是穿越到这个股票后面，对该股进行整体式的鸟瞰和全部的信息占有，然后寻找最佳出手位置。

有人可能会问：理想中的、理论上的最佳出手点，都已经过去，再讨论它还有什么意义？

当然有意义。

只有反复去深究已经走出的大牛股，对过往牛股"庖丁解牛"，才能在未来的大牛股身上"灵光一闪"找到妙手。

其他领域也往往如此。

我记得以前学物理的时候，老师都会讲：假设某某某成立，那么就可以推出某某某。

在现实世界中，从来没有符合某某某假设的情况，但这并不影响物理学对该情况进行深入探索，然后用理论结晶去反哺并不存在某某某情况的现实世界。

本文就是借鉴物理学中的这种方法，默认理论上存在一个最佳买点，先不管事前事后，先去找到它，看看它长什么样，看看它有什么规律和特征，然后无限靠近它。

前文7个案例，就是我找到的理论上最佳买点。它们都符合以下特征：

（1）位置低，大多数处于启涨点，可以享受未来很大的上涨空间。
（2）买完即能定龙。当天K线完成后，该股就获得市场灵魂地位，成为当之无愧的风眼。
（3）叠加周期。它的启动，同时也是周期的启动。
（4）叠加新闻事件。仿佛知道底牌和未来事件的推演一样。

由此，我们就可以用这四条反哺我们的股票：凡是符合或者无限接近这四条的买点，就是最佳买点。

这种买点，也被称为神之一手。我把这种买点称为最高境界的买点，最理想的买点。

有人可能会问，这种买点仿佛天外来客，在这里买的人必须具备天外飞仙的本领，现实中有人能做到吗？

当然有人做得到。

我就认识很多民间高手，经常就是在这种买点做。本人不才，偶尔也有这种神之一手的运气。

我认识一个顶级民间高手，并没有多大名气，上述黑马案例中的6个，他有5个买在神之一手的位置，而且是重仓。

真是青年才俊!

这种买点也是很多游资梦寐以求的买点。

如果你没有功力做到这种买点怎么办? 或者说，我不会这种买点就做不到牛股吗?

非也。

本文之所以把这种买点称为"神之一手""理想中的买点"，就是说现实中这种买点很难做到，它往往存在于理想之中。

即使是我刚才提到的那位青年才俊，他也不可能在每个牛股身上都做到神之一手。

能做到的，往往是他的状态、勤奋和运气合一所致。

就如齐达内曾经踢出的天外飞仙一球一样。

既然这么难，为什么还要探讨这种买点?

因为这种买点探讨明白了，其他几个买点就可以由此展开来论述了。

理想王国的展开，就是为了现实王国的建设。

接下来，如果时间充裕，我将在此基础上，展开讨论买点问题。

买点不是点，神手非一手

故事得从几年前说起，当时我认识一个深圳的高手，其短线手法近乎鬼魅。

适时，在一个大佬的小群里，该高手常常在 9：40 甚至 9：33 之前，就把交割单贴在群里，一看全是当时最好的股票，个个涨停，群人皆呼神奇，而他则淡淡地说一句：

下班了，关电脑。

彩!

当时很多人学习他的手法，我也努力地去理解他的要道。但后来发生一件事，我发现他的思维不能盲目学。

彼时，有一个股票叫东方通信，按照他的方法，应该在（2018年）12月24日去打板买入。我们看下当日的图，见图 2-15。

但当天他因为一些原因没有买到，结果，后面的几天，他天天像祥林嫂一样在群里唠叨:"这是我的股票,这是我发现的,我错过了买点,可惜呀,可惜……"

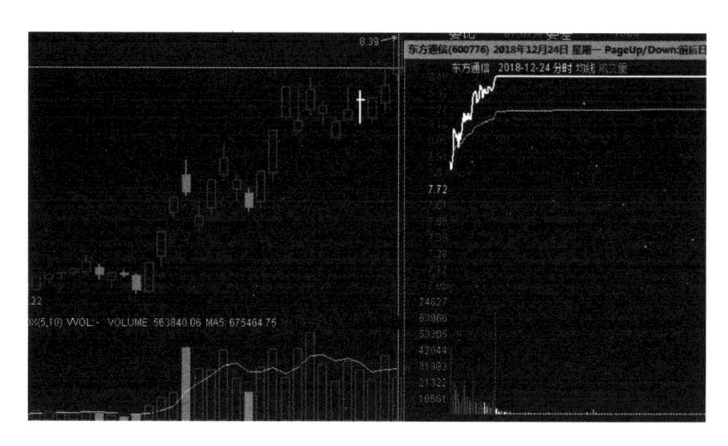

图 2-15　东方通信分时图

那天之后,他因为错过他的买点,一股都没有买。包括后面的第二春那个轰轰烈烈的主升浪,他也一股没有买。

按说错过了买点,就错过了吧,为什么还耿耿于怀?这说明他内心世界知道主升浪才是核心,错过了主升浪心里恨自己。

但他又不愿意在第二天、第三天乃至后面的主升浪中来及时纠正自己,来参与一个超级大牛股。

这说明什么?

首先我申明,这并非说明他不行,因为他的手法我们见识过,他确实有一套。但这说明他买点中有一个致命的思维局限,那就是:

把买点当成一个"点"。

这就是我要重点跟大家讨论的。

像这位仁兄的人很多,在这类交易者眼里,买点就是一个点。一个好的股票,存且只存在一个最佳的入场点,这个点:

或叫临界点;

或叫起爆点;

或叫爆发点;

或叫先手;

或叫妙手;

或叫"神之一手"。

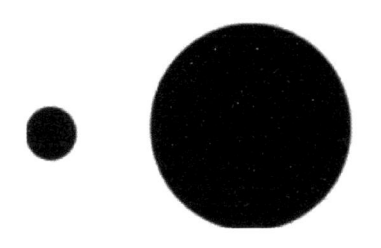

图 2-16　最佳点思维

这种交易风格,或者对交易的理解,对不对呢?

我并不认为不对。事实上,安于这种理解,练精这一种方法,也能取得很大的成绩。我就认识一些高手,只参与起爆点,只练习神之一手,也取得了很大成就。无可厚非。

但必须安于这种模式,必须接受这种模式的缺点。

如果错过最佳买点,内心还反复纠结这个股未来有多高,那是不忠于这种模式。

这种模式，也就是我上文重点讲的"神之一手"。其买点事后看，是最理想的买点。

但这种买点有个缺点，一表一里。

表：如果错过这个买点，或者在临界点处稍微迟疑打盹，失去了这个点，就彻底错过了这个股。

里：把一个股票的命运寄托在一个点上，把投资的缘分寄托在某一刹那，不够本质和通透。

表容易理解，我们重点说下里。

如果某个股票是大牛股，某个股票是主升浪，某个股票是好股，它应该不止一个买点。如果一个股票只有一个买点，那么这个股票不买也罢。

——我们应该这样理解股票。

换句话说，好股不应该存在神之一手，而应该是多手。

举个最通俗的例子。如果房地产是个股票，那么最佳出手点应该是 2004 年，那个时候是起涨点。但如果你深刻理解中国房地产，2005 年、2006 年、2007 年，乃至 2014 年、2015 年、2016 年，都是买点。并非只有 2004 年才是买点。

再举个例子。贵州茅台最好的买点是哪里？就本轮行情来说，仿佛 84.20 元是最好的买点，但那之后就不是买点了吗？如果你错过 84.20 元就不能再去买这个股了吗？

由此可见，好的买点不应该是一个点，好的投资标的不止一个入场点。只要理解了所投资的标的，买点应该是模糊的、宽泛的。

在几何学上，我们也知道，点是最不稳定的。只有多点构成面，多面构成体，物体才稳定。

对股票的理解亦如此。

一个好的股票，应该由基本面、技术面、周期阶段、估值、主升浪等综合因子一起构成。买点只不过是这些综合因子理解了之后的顺手牵羊而已。

所以，本文的标题叫"买点不是点，神手非一手"。

同时，卖点也是。

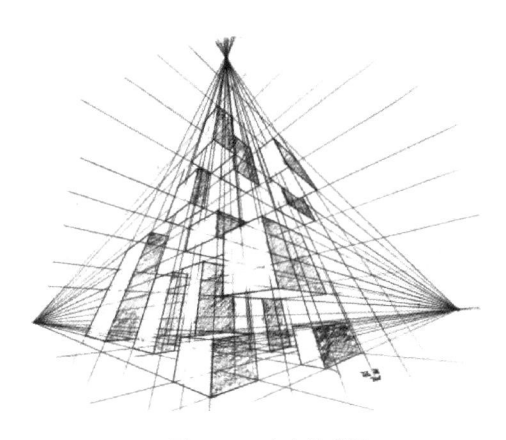

图 2-17　多点构成面

我写这篇文章的主要用意并不是探讨买点，而是希望大家从买点中解脱出来，思考股票本身。记得我在《龙头信仰》上也写过，很多人把过多的精力用于研究买点了，结果用在思考股票本身的时间和精力很少。

其实，应该相反。多去思考股票本身，思考它的哪些东西呢？

> 预期差大不大？
> 是否是主赛道？
> 市场处于什么周期阶段？
> 是不是主升浪？
> 什么性质的资金在玩这只股票？该性质的资金的秉性如何？历史表现如何？

这些想清楚了，再去看买点，这个时候的买点，就不是买点，而是一种顺流而下、举手之劳的东西。

而如果这些东西不去思考，见到一个股就用买点和模型去丈量它，很容易偏离股票本身。

那种买卖点，无论是叫最佳买点，还是叫起涨点，或者是叫神之一手，都未深入本质，都不够究竟，也都不能代表神的旨意！

补射

关于买点：

我们讨论过最佳买点——神之一手。

也对买点进行过深度思考——买点不是点。

今天再讨论一个话题——补射。

神之一手是理想的最佳买点，

买完就腾飞，

买完就是龙头，

买完就是主升浪。

但错过神之一手之后，应该存在一个第二买点，我把这个第二买点称为"补射"。

这个补射点或者在第二天确定性质之后，或者在第二次洗盘形成一个分歧那里。越大的牛股，越大的主升浪，越存在这个点。如果仅仅是超短，今天买了明天卖，这种是没有补射的。

补射的存在是对人有限理性的认可，是对现实世界不完美的补充。

记得我讨论"买点不是点"的时候，有个朋友在后面跟帖，原文是这样的：

> 这是个有超级洁癖的杀手，必须一剑封喉。
> 必须刺中喉咙，必须只一剑，必须用剑。

这个观点颇有古龙武侠的境界，很西门吹雪，读起来很畅快！

但他忘记了，现实世界是没有武侠的，武侠世界只是成人的童话。比起从小说中去寻找境界，我更在乎事实。我看过无数军事纪录片，冷兵器时代的和热兵器时代的都看，这些纪录片不能说全部是事实，但对事实的还原远远超过武侠小说。

纪录片中，我们看到补射、补刀、补枪的事情太多了。

我本人也略懂武术，知道一个道理：丑功夫俊把式。

当人在真刀真枪厮杀的时候，是不会讲所谓的洁癖的。所谓的只刺咽喉，只用一剑的，只是臆想。

那些看起来很俊俏的神之一手，在厮杀斗争中是不存在的。武德只存在幻想中，不讲武德才是现实。

所以，把买点当成一个点是小资金的想法，也是入世不深的时候所奢求的。而真正的大资金，比如公募，再比如我们看到的赵老哥、方新侠，他们往往反反复复地在一只股票上做。

哪里有什么神之一手，只不过都在纠偏中前行，都在消息进一步明朗后反复加仓减仓而已。

我们还可以用一个反证法，如果买点是神之一手，只有一剑，一个买点，那么卖点呢？难道错过了最佳卖点，其他时候就不能卖了吗？

所以，我们需要补射。无论是买，还是卖，都有补射行为。比如足球竞技，当一个运动员踢球没有进，难道下次球到他脚下他就不能补射了吗？再比如战争，当赵子龙一枪没有把敌人刺杀，他就不能再刺一枪吗？

行文至此，我想起了刘邦和项羽。曾记得，项羽射一箭正中刘邦肩膀，当刘邦截断箭杆，装着没事，嘲笑项羽箭法不准的时候，此时，范增让项羽再射一箭，项羽却拒绝补射。若干年后，当刘邦有机会围住项羽，项羽多次冲出去，刘邦却没有那么讲武德，他命令手下，想办法围追堵截，多次补射，最后项羽才在四面楚歌之下绝望自刎。

当然，《史记》也有虚构的成分，但是常识不会欺骗我们。假如我们上战场，一刀没有要了对方命的时候，你会不会补刀？

太会了。

正是基于这种认知，我觉得股票的买点也是，不应该只有一个点，不应该在点上去求，应该以目标和标的为中心，坚持目的主义，当目的容许，可以有多个点。其中一个重要点就是二次补射。

记得有一次看高瓴资本张磊的投资案例，他就存在多次补射行为，特别是新能源领域。

张磊本来是做一级市场的，如果他觉得一级市场拿的货不够，通常在二级市场继续拿货。在高瓴资本内部，这种行为被称为"补一枪"，其实就是补射。

有一个叫徐新的女投资人也非常擅长补射，她有钱了就去买腾讯，多次补射腾讯。

> 徐新 Kathy
> 第一次知道腾讯，是2004年6月在腾讯IPO的午餐会上，还记得当时的第一印象：这家公司有好多用户，都不怎么付钱，只有极少数用户一年付几块钱，总裁Martin说话挺实在，创始人小马哥有点害羞。没过多久，因为短信要二次确认腾讯股价跌了，在HKD5块5的价格（一拆五，等于每股成本HKD1.1）我冲进去买腾讯股票。16年过去了，我一股没卖过，一有钱就加仓，500多倍的回报是可喜的，这让我更坚信品牌的力量，复合增长的力量。16年过去了，一路见证腾讯扩品类，做出一个个好产品，让用户开心，从即时通讯到腾讯游戏，到腾讯视频、QQ音乐，到伟大的微信、微信支付，正担心时长被短视频抢了风头，又有小程序企业微信推出，开启私域流量的新时代。16年的时间不短，腾讯也经历几次挑战和低谷，每当我心有疑虑时候，就把小马哥的讲话，张小龙的视频拿出看看，看完心里就踏实了，他们就像麦田的守望者，用心守护着用户，今天是腾讯22岁生日，做为用户，做为股东，忠心感谢腾讯！感谢腾讯团队！Happy Birthday！

图 2-18　徐新发的朋友圈

与此相比，李嘉诚的儿子李泽楷就机械得多。他多次后悔卖掉腾讯的股权。

我曾经专门写过一篇文章《卖飞、错过好股怎么办？》谈这件事，我说李泽楷没有资格后悔，因为腾讯就在香港上市，他从来没有补射过一次。也许在他内心，买点就是"一个点"。或者，他根本就没有搞清楚腾讯是怎么回事。

当然，写到这里我也惭愧，我曾经于200多元买茅台，后来499元卖掉；再后来700元多买茅台，999元卖掉茅台。从此之后，再没有补射过。

所以，在这里我把我的教训写出来，把补射这个武器分享出来。

当然，不能因为补射这个武器的存在，就放弃对买点"严肃性"的追求。即使补射本身，也是一件很严肃的事。

但无论如何，我们理解买或者卖，不能再局限于一个点。

错过了买点，可以寻找第二买点。错过了卖点，也可以找次佳卖点。

不过，最要不得的是搞反了方向。如果到了该补射买的时候，却去卖；到该补射卖的时候，却去买，则会犯大错。

这个世界上有人犯这个错误吗？

有！

不但有，而且是世界上最富有的人，他就是比尔·盖茨。

盖茨现在身价900亿美金，持有的3%微软股份不到200亿，其余都是投资赚来的。他从1994年设立投资公司重金聘请牛人做投资，把45%股权陆续变现做投资，到了今日的900亿！但如果盖茨不减持，还拿着45%股份，现在身价应该是2900亿美金。

图 2-19　微软股价逐年上升

　　有人可能会说，美国的公司治理，如果比尔·盖茨不卖他的股票不会有那么多机构建仓，云云。

　　我关心的不是这个，他们说的哪怕是对的，但事后当微软公司治理健康后，比尔·盖茨可以补射自己公司的股票，可惜他没有。而是继续多元化投资其他公司股票。我相信，后来盖茨买微软的股票没有任何法律障碍，但他从来没有补射过。

　　这个事情也出现在马化腾身上，他也是一路卖卖卖，没有见过他搞个回马枪补射过。

　　这说明什么？

　　说明富可敌国、聪明绝顶的人，也可能在补射思维方面有盲点。

　　也许他们大部分精力和时间，都在思考科技和企业，而不在乎投资那点钱。

　　但如果不是企业家，而是专职的投资人，比如张磊、徐新，比如巴菲特（多次补射苹果、可口可乐），再比如正在从事投资或将来想从事投资的你，就不能有这个思维盲点。

追高买，还是低吸买

追高、低吸，有优劣高下乎？

这个问题的答案，不在追高与低吸本身，而在把它们放在什么股上。

如果一只股，需要合力和情绪，那么这种股，最好是不见兔子不撒鹰，也就是多用追高去买比较好。

如果不取决于合力，而是取决于估值和趋势逻辑，那么这种股，就无所谓兔子和鹰，理解了估值和趋势，就可以进，是追高买还是低吸买，无所谓。

股的不同，决定了不同的介入方法。

有的股就活一口气，这类股只能追高。因为一口气上不来，可能就核了，不要轻易去意淫低吸。

而另一些股活一种势，它与一口气没有关系，也没有谁能轻易核得动它，那么这种股，就没有必要一定追高，有时候低吸反而更具有成本优势。当然，这种股，也不拒绝追高。

追高买的根本逻辑是什么? 是越高越证明龙性对，越高越证明地位在，越高越证明人气在。用"高"、用"上涨的事实"，甚至"用涨停的事实"来证明它是王者。这类股不但不能怕高，反而越高越兴奋。比如，当年的顺控发展、当年的浙江建投、当年的湖南发展。

低吸买的根本逻辑是什么? 是已经"有东西"证明它对，不需要"分时高""涨停板"再来证明，那么这种股，哪怕短期的分时和 K 线下跌，也不惧怕，下跌甚至会带来降低成本的好机会。

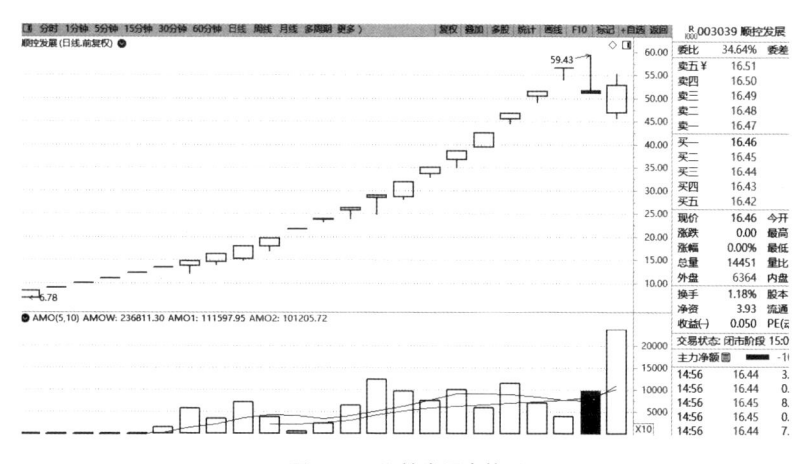

图 2-20 顺控发展走势图

这里的"有东西"是关键。

那么，是有什么"东西"呢?

或是有估值面的东西；

或是有基本面的东西；

或是有趋势凝聚成的东西；

或是故事面（暂时无法证伪）的东西。

反正，这个东西不需要像连板情绪股那样依赖涨停和卡住地位来证明。那么这种股，你跟它谈什么追高？你又怕它什么阴线？

可以这样说，情绪连板股像花朵，晴天才能生存，不喜欢风吹雨打。而趋势股则像松柏，风吹雨打是平常事，甚至寒冬腊月更有利它的坚韧不拔。

如果把追高比喻成晴天，把低吸比喻成阴天，把恐慌比喻成下雨天，那么，毫无疑问：

中通客车、湖南发展、三羊马这样的情绪股，喜欢晴天，追高买更符合它们的基因。

比亚迪、天齐锂业这样的趋势巨无霸，喜欢阴天，甚至下雨天，当然也不拒绝晴天。关键是，阴天和雨天，更能凸显它们的优势。

所以，有人喜欢下跌，喜欢阴天和雨天，因为他已经通过其他方法（而不是股价的上涨）确定了股价会趋势性上涨。而有人喜欢晴天，因为只有晴天才证明他没有选错股。

是风格不同，决定了喜好不同。

那么你呢？

晴天、阴天、下雨天，喜欢哪一个？

注

本文的核心是观念的突破，没有详细展开讲什么是"有东西"。那么，肯定有人问，我怎么提高才能知道"有东西"？或者，我去哪里增加自己看"有东西"的能力？

关于这个问题，真的不是一篇文字和三言两语能说清楚的，只能靠积累。我也曾经专门就这个东西，写过详细的论述，大家可以打开《龙头、价值与赛道》第二章《逻辑论》，此章都在聚焦讲"有东西"。

很多人所谓的"低吸",其实是在"追高"

市场不好的时候,很多人就喜欢考虑低吸。

事实上,低吸的人群确实也在增多。我曾经写过一篇文章《2亿股民在低吸》,其实,还有1亿在做"T"。

低吸以其日内成本低廉、单日回撤有限,占有独特的优势。

但低吸再有优势,也是战术性的。既然是战术性的,就有可能存在一种情况:战术上看起来是低吸,但战略上其实是追高。

我跟一些朋友聊天,就发现这样一种现象:

有的人看起来是低吸,但事实上为了"低吸",错过一只股票很好的买点,等到符合他低吸的时候,其实已经是追高了。

我们来看具体的案例。

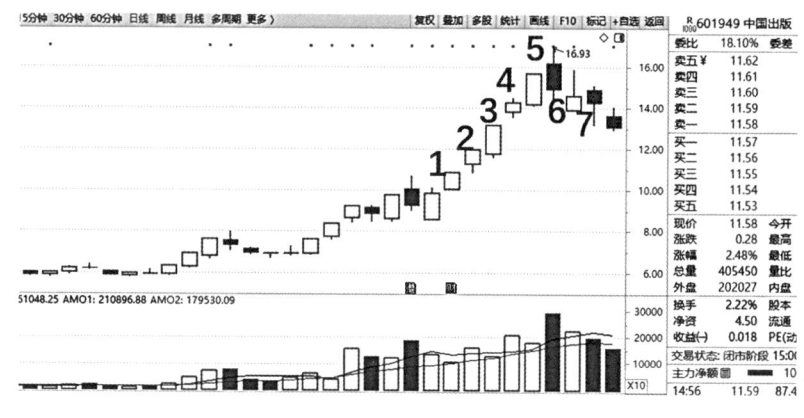

图 2-21　中国出版

上图是中国出版，1处开始加速主升。这只股对于做龙头的人来说，最好的做法就是参与主升。但我有一次遇到一个人，他说自己是龙头低吸。我问他什么是龙头低吸，他说：

"做龙头最主要的是要买得低，买得安全。为了防止'核按钮'，一定不能追高，一定等到低再买。"

我听了觉得很有道理，就追着问："然后呢？"

他接着给我比画，后来我算是明白了，他所谓的龙头低吸，其实就是：

1处不买，因为是追高；

2处也不买，因为没有低点；

3处、4处、5处都不买，也是因为没有低点；

时间到了6处、7处，给低点了，然后他说符合他的模式，就去买了。

当然，那个时候还没有 7 后面的走势，我们是对着图形比画的。

我看了他的低吸之后，在大脑中瞬间蹦出一个结论：

"这不是低吸，这是追高。"

后来，我和他围绕这个问题讨论起来。讨论了半天，他依然坚持他的"模型"和"战法"。我当然也没有必要去说服他。

当然，我也并不是说他的模式就是错的，事实上，有人就是用这一招。

我要表达的是，这种其实不是低吸，哪怕赚钱了，依然不叫低吸，它的本质是追高。

只不过这种追高在"分时图"上是低的，而在整体 K 线和形态结构上，是追高。

这种做法，以前也有一种说法叫龙头首阴。很多年前，我还没有写《股市极客思考录》的时候，就很喜欢用这一招。

后来，我慢慢放弃了这一招。因为我重点开始研究在 1 和 2 的地方买。最主要的原因是我后来发现，战略处的低和整体位置的适当，才是买的核心。而分时的点和模型中所谓的"低"，不是低的精髓。

今天很多人喜欢谈低吸，我就把这个思路转变分享给大家。我们做低吸的时候，一定要搞清楚，你所谓的低是大结构的低，还是小结构的低。否则，你所谓的低吸，很可能是在追高。

当然，并不是说追高不对，我本人也喜欢追高，哪有做龙头的从来不追高的道理。但是，如果是追高，就应该按照追高的要求来设置条件。

千万不要用"低吸"来麻痹自己，以为自己是"低吸了"就比别人安全一等。如果是上述这种低吸，其风险和条件要求应该按照追高来计算，而不能按照低吸来计算。

所谓的低吸安全，低吸性价比高，低吸有优势，事实上很可能是一叶障目，自我麻痹。因为这明明是追高嘛。

关于这个问题，我再讲个故事，作为本文的结尾。大家读完了就更明白我要表达的意思了，故事如下：

前段时间还有一个人工智能的股，应该是光模块的，天天在涨。我有一个深圳的朋友，天天看就是不买。我问他为什么，他说自己善于低吸，结果这个股一路上涨，他一路看。后来，这个股终于如他所愿，出现一个低吸点，他立即低吸进去，然后一直跌到现在。

论主升与反包

我曾经有个观点：有连板主升就尽量不要做反包。

下面我从多个层面来论述这句话。

一、比较优势

"有主升就不要做反包"，这句话在逻辑关系上是优势比较，就是同等条件下，如果 A 是主升，B 是反包，那么 A 优于 B。

并不是说反包都是差的，或者反包做不成龙头，而是说，在其他条件一样的情况下，主升比反包有优势。

或者这样说，两个股其他条件类似，一个是主升，一个反包，让你去选，尽量去选主升的。主升是一个加分项。

这句话并非说只有主升是对的，反包就是错的。

所以，那些断章取义者，希望能先搞清楚这句话的全面含义。

我们不否定，在某些情况下，反包反抽也能出龙头。或者说，当一个股已经成为龙头了，它反包反抽一下，难道就不行了吗?

我们是说，当你还没有成为龙头的时候，或者正在竞争的过程中，人家是主升态势，你是反包态势，你不如主升态势好。仅此而已。

二、反包与二波

反包通常是指 1~2 个交易日回调后再涨停进攻。二波是指调整一个波浪，往往 5 天以上，然后再进攻。

反包洗盘时间短，有时候甚至一天。二波洗盘时间长，是一个波浪洗盘。

我们说，主升比反包好，并不是说主升比二波好。

反包与二波不是一回事。

如果二波走连板，那么，二波其实是主升。

我本人也喜欢做二波，比如郑州煤电、九安医疗、东方通信、浙江建投、翠微股份等等。

我曾经把二波叫第二春。

第二春里面，我依然认为主升比反包好。即：哪怕是第二春，最好也是用连板主升来完成，而不是反包来完成。

三、主升更符合龙头本质

黑马龙头的本质是连板，特别是情绪龙头。

如果情绪好，如果你有市场地位，不到迫不得已，市场不可能让

一层理出一层技：战术思考

你以反包的方式前进。

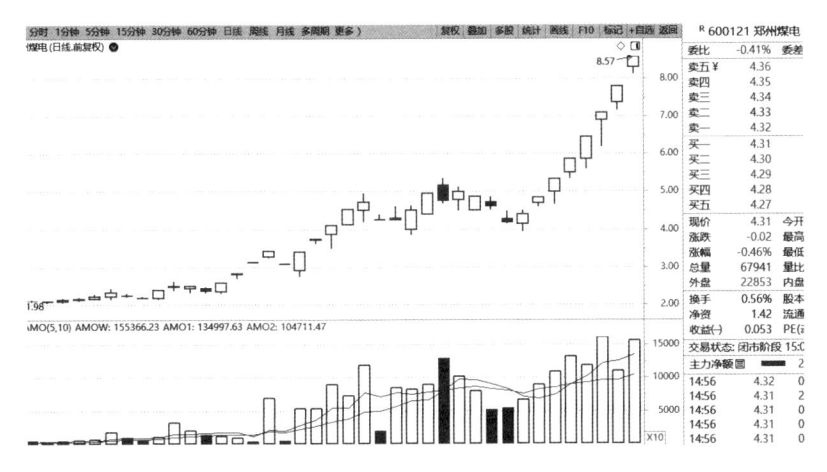

图 2-22　郑州煤电走势图

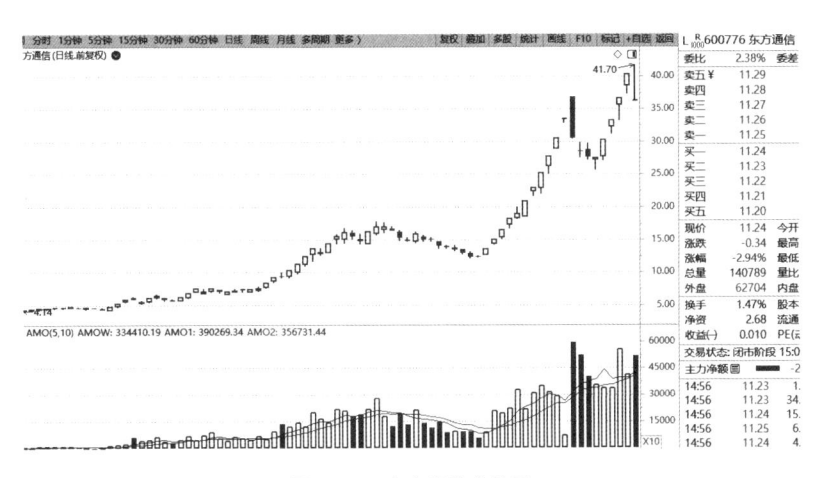

图 2-23　东方通信走势图

特别是自媒体发达的今天，哪个股稍微有地位，就迅速被媒体放大，甚至主升都嫌慢，哪里还让你反包前进？

经典的具有传奇色彩的顶级的妖股应该是顺控发展、中通客车那样的，一气呵成，一呼百应。

四、白马价值型龙头多反包

但反包依然有其价值，特别是价值龙头。

按照我的体系，龙头一花三叶：股权龙头、白马龙头与情绪龙头。

有主升就不做反包，是针对情绪龙头。而白马价值龙头，反包恰恰很有价值。我以前就喜欢做这种反包。

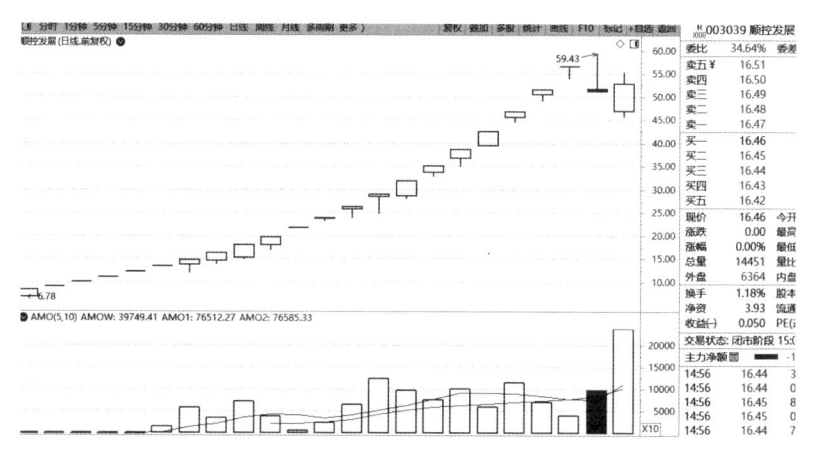

图 2-24　顺控发展走势图

比如爱康科技、浙江龙盛、小康股份，是典型的价值型路线，这种股，就喜欢反包。就拿 2022 年 6 月来说，最近价值型龙头是谁？

前段时间是京山轻机，它就是用反包的方式来完成的。

其实，九安医疗综合了价值和情绪，所以我们看到，九安医疗也喜欢用反包。

五、异动新股环境下，主升和反包的优劣

异动和停牌新规，会增加反包的场景，但同等条件下，依然主升连板的比反包好。

如果都没有停牌的压力，主升连板绝对优于反包。

如果有停牌压力，可能反包会占有优势。但这种反包必须是前面通过连板主升打出地位的股。且同等条件下，反包后连板比反包后再反包好。

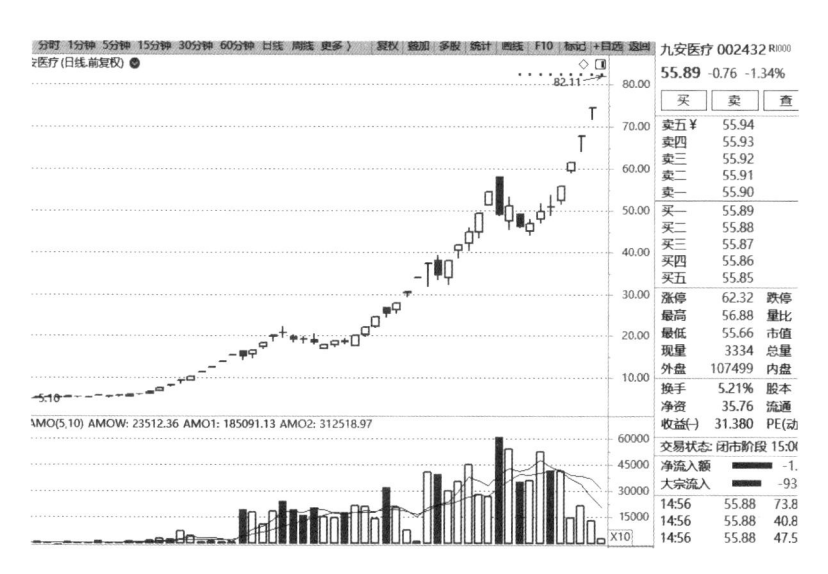

图 2-25　九安医疗走势图

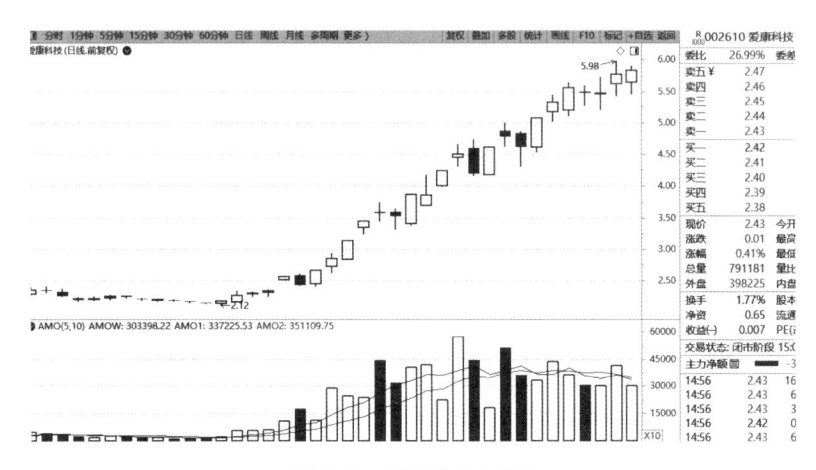

图 2-26 爱康科技走势图

图 2-27 小康股份走势图

六、关于"核按钮"

遇到洗盘和情绪退潮，主升炸了，还有反包预期，反包炸了，二次反包压力大很多。

在日内，一个是主升，一个是反包，同时开炸，资金修复主升的愿望通常比修复反包的愿望大。

七、龙头与反包

这一条最重要，我只说一句话：如果已经确定是龙头地位了，你是主升还是反包，都不重要，此时应该抛弃任何形式。但如果还没有确定龙头，还在竞争中，主升要比反包具有无与伦比的优势。

总之，反包和主升的关系，就是曲直的关系。

龙头分黑白，黑马龙头多走直线，所以连板主升是其主要表现形式；白马趋势多走曲线，反包折腾也不必大惊小怪。

但是，从龙头的本意上来说，龙头对连板的渴望还是大于对反包的渴望。

恰如人生，

如果能够策马扬鞭，谁还会以曲为直？

如果能一气呵成，谁还会扭扭捏捏？

毕竟龙头在大多数情况下都是直中取，而不是曲中求。

盘中弱转强

江湖上流传一种手法，叫弱转强。

比如，昨天很弱，是个大烂板，或者干脆封不住板，但第二天开盘抢筹，把集合竞价也抢高，然后高举高打，迅速封板。

举个例子吧，看图 2-28。

这只股叫华锋股份，典型的烂板，很弱。那么第二天怎么样呢，我们看看下一日的盘口，见下图。

第二天不但弱转强，而且是超级弱转强，直接开一字板附近，当天盘口呈现经典的 T 板走势。

这种弱转强是江湖上一个必杀技，某些善用者，往往能够一剑封喉。

不过今天要跟大家交流的还不是这种弱转强，而是比它更有威力、更霸道的弱转强，或者说是弱转强的加强版——盘中弱转强。

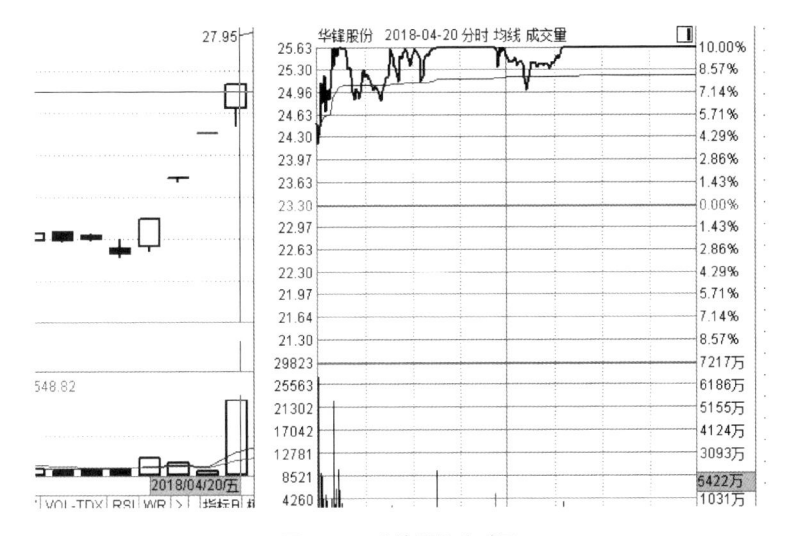

图 2-28　华锋股份分时图

传统的弱转强是基于日线级别,而盘中弱转强基于日内分时图级别,就是不隔夜,盘中就完成弱转强。

我们来看看案例。

顺博合金早盘明显很弱,一度砸到 -5% 左右,可谓风声鹤唳,但是盘中迅速完成弱转强。

可能有人会问,当天它依然是烂的呀。是的,从事后看,它当天的分时图确实是烂的,但是它弱转强上板的瞬间,你根本不知道它后面会烂。这种弱转强一旦成功了,就容易吸引市场上大多数人的眼球。

这个股后来成了那个阶段的大牛股,甚至差点成了穿越龙头。

图 2-30 是新天绿能,也是盘中迅速下砸,砸成稀巴烂,但后来迅速弱转强,第二天继续给溢价。

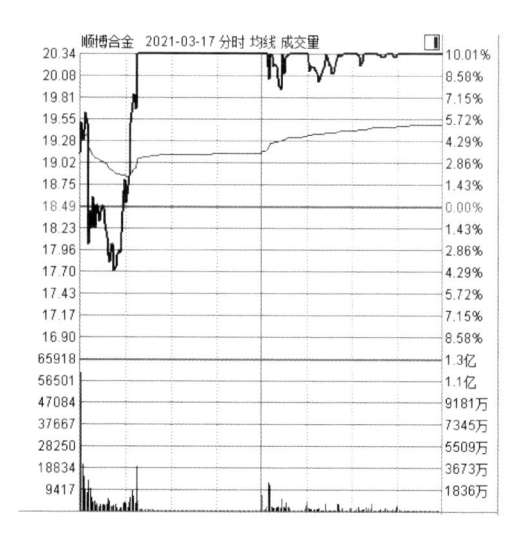

图 2-29 顺博合金分时图

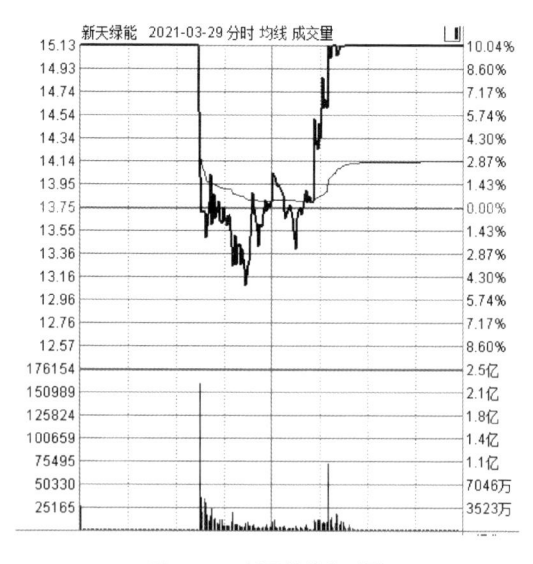

图 2-30 新天绿能分时图

下面举一个更新鲜的例子，2021年3月31日的美邦服饰。

美邦服饰作为新疆题材属性的高标股，盘中被压制，可谓弱之又弱，特别是比起同身段的新赛股份来说。但该股尾盘迅速扭转乾坤，在分时图级别完成弱转强。真是骚操作！

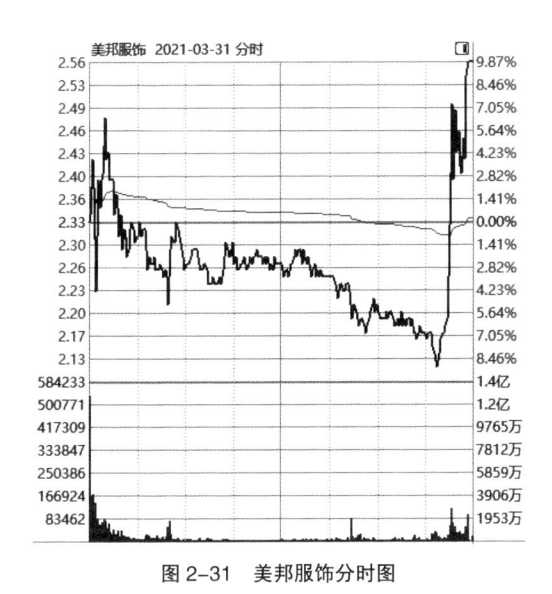

图 2-31　美邦服饰分时图

其实，2021年一季度最典型的盘中弱转强还不是它，而是另外一个妖股，那就是当前最红的顺控发展。见图2-32。

2021年3月25日，顺控发展全天破破烂烂，颤颤巍巍，尾盘还打到水下，但最后10分钟，居然从天而降无数大单，可谓天外飞仙，神来之笔，迅速把股价拉到涨停。这是典型的日内弱转强。原来股王也用这一招，壮哉！

日内弱转强比隔日弱转强有更大的优势，因为它更贴近实战，更符合盘中的瞬间转变，特别是，它更加先手。

不过，盘中弱转强也有个很大的缺点，就是一旦没有转成功，或者再度转弱，那么第二天往往是核按钮伺候。所以，先手一旦做成，就是元勋；一旦失败，就是先烈。

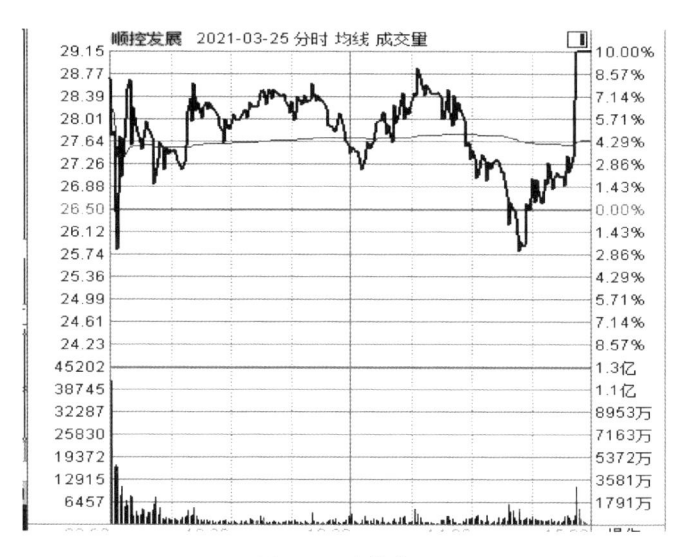

图 2-32　顺控发展

所以，弱转强虽然看起来很好，但依然是战术，它必须依托对市场地位和市场情绪的判断。如果仅仅从分时图来找弱转强，往往会成为先烈；如果从大局观和市场地位出发来寻找弱转强，则容易成为真正的先手。

假弱真强

很多人对强弱的认知，是基于分时图。如果分时图简单、干净，封板过程猛烈，封住之后不打开了，就谓之强。

而那种封板过程慢吞吞，封住后出现炸板或者打开，谓之弱。

这种认知对不对呢？

对一半。

仅仅从静态上看，可以这样说。但，如果叠加上动态，就不能这样说。举个例子，看图 2-33。

图 2-33、图 2-34 是长源电力两天的分时图，图 2-33 无论从哪个角度看，都叫强。但图 2-34 在很多人眼里就没有那么单纯了，在市场大多数人眼里，这种分时图叫弱。所以，类似这种分时图他们第二天喜欢做弱转强。我见过很多大 V、大佬，看他们写文章或者做分享，都把这种分时图叫弱，然后以此建立自己的弱转强模型。

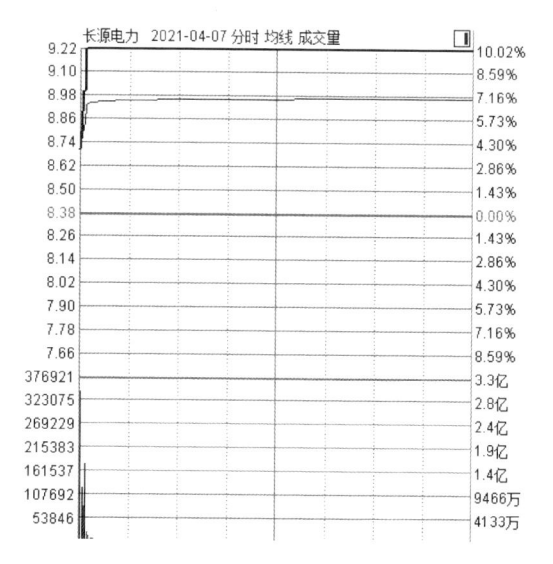

图 2-33　长源电力 2021 年 4 月 7 日分时图

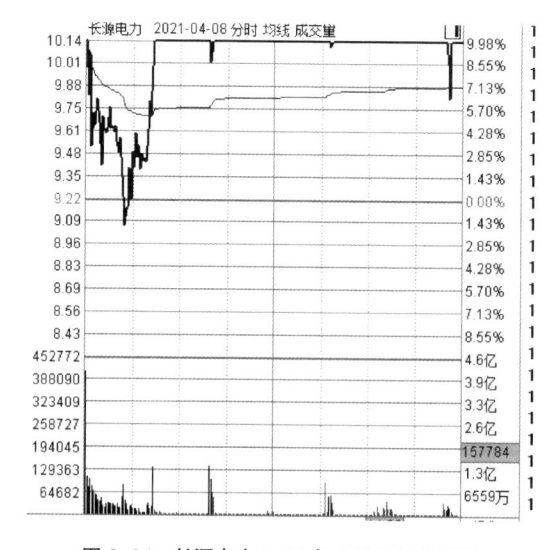

图 2-34　长源电力 2021 年 4 月 8 日分时图

但我觉得这种认知有点形式主义，只单纯地从图形出发来看强弱，而没有从环境出发来看强弱。

我的观点是：看强弱要还原到当时的环境、当天的状况。就拿图 2-34 来说，当天碳中和类的股票血流成河，豫能控股天地板（几乎从涨停杀到跌停），银星能源也是天地板，中材节能几乎跌停，华银电力几乎跌停，市场高标股绝大多数都是一片哀号。在这种情况下，长源电力能够走出图 2-34 的走势，能够坚挺地守候在涨停板上，不叫弱，叫强！

就如同在战场上，身上中箭、腿上有伤、鲜血直流的不一定是弱者。相比九死一生，能够活着屹立战场，本身就是英雄，是强者。

于是，我们就获得一种新的认知：弱转强不是用分时图来定义的，而是把分时图和当时的市场环境结合起来定义。

在这种思维下，我们把那种从分时图上看是弱，但从环境上来看是强的走势，叫假弱真强。

这种假弱真强可以形成一个很好的买点，这种买点就是利用认知差来赚钱。当大多数人认为是弱，你能看出它强的时候，就可以利用这个认知差赚钱！

市场上做龙头战法的最害怕当知道谁是龙头的时候买不到了，一字板了，或者高开秒板。其根本原因在于认知同质化，无法拥有认知差。

怎么拥有认知差? 就是看到别人看不到的东西，或者跳出原有框架，从大局观和大环境的角度来认知一些东西。为了更加形象细腻，请大家看图 2-35 和图 2-36，这两个例子就是典型的假弱真强。

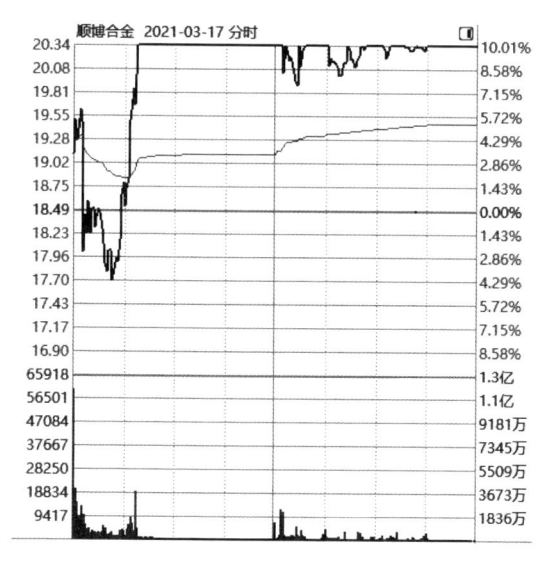

图 2-35　顺博合金分时图

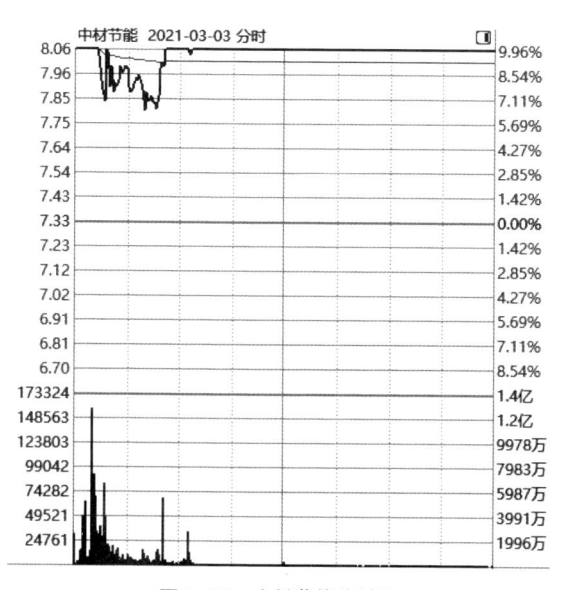

图 2-36　中材节能分时图

也许很多人看完这两个例子会觉得这很简单，不就是看分时图似弱又强吗？

非也！

分时图只是这种认知的表象，从分时图的对比分析中看出强弱才是根本。也就是说，不要简单地看图，而要把图还原到当时的大环境、大周期中去看，通过多重比较，去判断强弱。

这种判断强弱的方法，也叫动态判断法，或者叫比较判断法。它跳出了分时图表象的桎梏，深入本质认识强弱。

假弱真强补充说

上面《假弱真强》一文后,有些读者不一定能领悟到我的意思。

特别是"多重比较""大环境""大周期",什么意思?

就是包括但不限于:分时图、K线图、市场地位、题材的魅力和张力。

这些东西我已经在我的书《龙头信仰》《股市极客思考录》里写了很多,我默认你看过我的书,有整体观,然后我再进行细节和局部"敲打"。

一篇文章,特别是细节类的文章,不可能面面俱到,只能局部用力。但用的时候,必须还原到整体。

记得有个读者后台留言抬杠,找一堆烂板分时给我看,我不禁提醒:你还原到当天的环境了吗?

如果它是烂板,但当天市场或者板块很好,它就不是假弱,而是真弱。它就不是假烂，而是真烂。因为别人分时图都那么好，为什么它那么烂？

我提出的假弱真强，还必须还原到股票的市场地位。也就是说，如果它连地位都没有，它的强弱根本都不会有人去关心。

龙头战法、龙头战法，首先此股应是一个龙头种子，得具有一定的地位，这样谈强弱才有意义。如果它连一点地位都没有，讨论的基础就不存在。

有时候为了突出一个细节，可能无法面面俱到，所以希望大家阅读的时候，能够结合我以前写过的文章和书上的内容去综合理解。

不懂竞价，就不懂短线

竞价占盘口几乎 90% 的意义。如果不懂竞价，几乎就难做短线。在讲竞价之前，先跟大家分享一段话：

> 人禀气而生，含气而长，得贵则贵，得贱则贱。则富贵贫贱皆在初禀之时，不在长大之后随操行而至也。

这段话源自王充的《论衡·命义》，中心思想就是上面这句话。

我第一次听到这段话，在复旦大学王德峰教授的讲座上。这段话大概的意思就是：

> 一个人的出生，是禀着天地之气的，如果出生的一刹那得到的是贵气，则是贵命，如果得到的是贱气，则是贱命。人生的富贵和贫贱，都取决于出生一刹那禀赋的气的贵贱，并不在于后天的努力奋斗。

总结起来就一句话：八字很重要。

这句话够封建迷信够机械论吧！所以，其糟粕成分一定痛加批判。我引用这句话的意思并非是引用其观点，而是思考中国古人思考问题的方式，这里可以明显地看到古人的世界观和人生观：出生决定人生。或者说，八字决定人生。

八字就是一个人出生那一刹那的天干地支组合。如果人是一只股票的话，八字就是一只股票的开盘价。如果拿一天来做比喻，八字就是集合竞价。或者说，竞价就是一只股票的八字。

好，话题终于回到竞价，竞价在股票中的意义何在？

对长线而言，竞价没有任何意义。因为长线取决于基本面和趋势。

对于暗牌，还没有变成市场热点的股票，竞价也几乎没有意义。

那么，竞价对谁有意义呢？

竞价对明牌，特别是明星股，意义极其重大。

怎么一个重大法？

必须超预期！

这里记住两个规则：

规则一：凡是明牌焦点股，如果竞价不能超预期，往往都要打折扣。

规则二：凡是明牌股，如果竞价超预期，不要轻易卖。

什么是超预期呢？跳空高开算不算超预期？

答：超预期并非仅仅指集合竞价高开，而是比想象的还好。也就是说，虽然你高开，但是你没有比想象的还好，就不叫超预期。如果你没有高开，但是你比想象的还好，比如你没有"核按钮"，你没有大幅低开，也算超预期。

我们来举几个例子：

图 2-37 是最近的当红炸子鸡三峡能源 2021 年 6 月 18 日的图。本公众号在此前一天写过这个股。也就是在我写完这个股的第二天，其集合竞价高开 +8.26%，这个股超出我的预期，我相信也会超出几乎市场上所有人的预期。这么大的盘子居然高开这么多。此时此刻你怎么想？

有部分大游资在这一天想着的是卖，我不知道他们是怎么想的。当天我跟几个游资交流的时候说，他们这几个卖掉的游资，会后悔的。

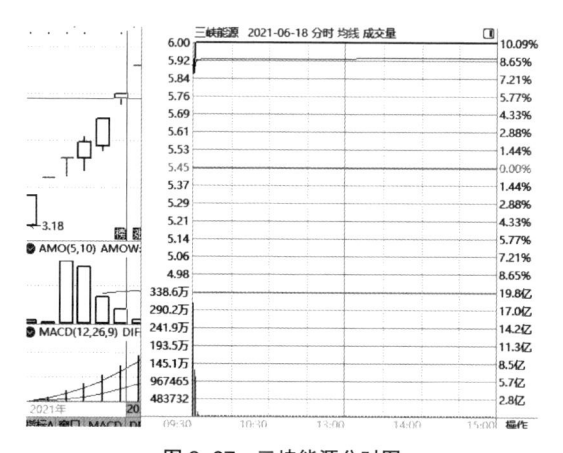

图 2-37 三峡能源分时图

我按照规则二行事。规则二告诉我们，超预期开盘，哪怕你很想卖，也要忍一忍，等一等再卖。其实这一天我不但没有卖，涨停板上又加了一笔。

图 2-38 是上海贝岭，这个股我很喜欢，2021 年 6 月 21 日我已有仓位。这个股昨天收盘后，成为当之无愧的明星，又是科技芯片赛道，又有助攻，多滋润。但 6 月 22 日集合竞价一亮相，才开 +3.27%。诸位，超预期不是高开，而是超出市场想象。这个开盘价，我不满意。当然，我没有主动砸，但我心里降低了预期。不过这个票也许中长期会起来，但是 2021 年 6 月 22 日，我觉得竞价就告诉了结果。这是典型的规则一的应用。

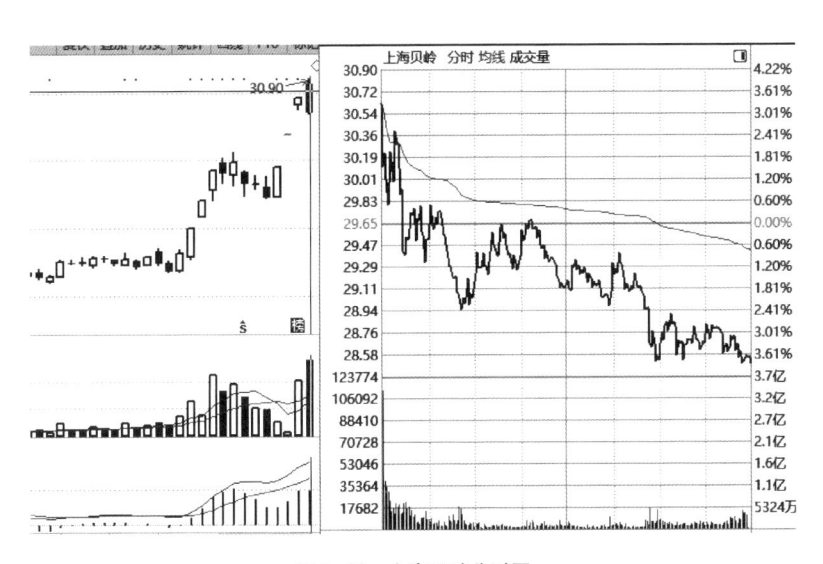

图 2-38 上海贝岭分时图

图 2-39 是福建金森，十字星这一天是有反包预期，但是以一字板来反包，应该是超出市场所有人的预期。也许你想卖，也许你怕被闷杀，但只要集合竞价开这个样子，就应该立即启动规则二。

好，案例就举这么多。

也许有人问，为什么那某某某股高开了就直接砸? 记住，我们这里谈的也有两个条件：

（1）必须是核心人气股，市场之星。
（2）必须超预期，而不是高开或者低开。

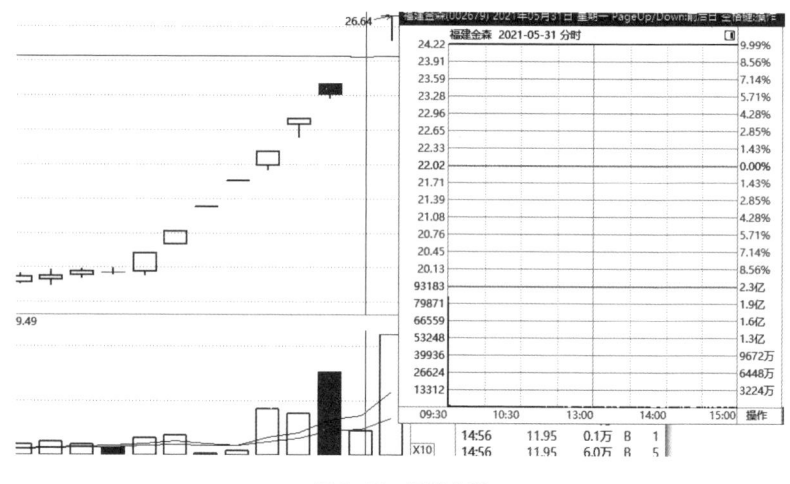

图 2-39　福建金森

也许还有人问，那为什么某某竞价低开，后来很好?

答：我们并不是说竞价低开就一定很坏，只是说会打折扣。另外，竞价的高度与超预期没有必然关系，我们要的是心理预期。

另外，最关键的点是大家要理解，这一切只针对明牌、明星股才有意义。对于普通股票，竞价没有特别大的意义。人气越足，竞价越有参考价值。

好了，本文谈论的是细节。这些细节对有些人也许价值千金，而对另一些人，也许一文不值。就看你是否也思考到我思考的地方，而我的思考与你的思考能否痛快地相击了一掌！

注

我发现很多人很天真，看到股票就想进。其实盘前选股可以无限想象，但盘中竞价一出来，必须大胆求证，心细如丝。游资们都会盘前选出几个股，但这种选股不代表明天一定会买，还要看集合竞价，还要看其他同板块股票的集合竞价。如果集合竞价出了大问题，再看好也会放弃。很多人不明就里，搞不明白盘前静态选股和竞价后动态取舍的区别。别小看这一段路，对有些人可能需要很多年。

竞价开得不好，是直接卖，还是等一等？

本篇主要针对短线，长线的朋友可以略过不看。

做短线的朋友，经常会面临一个问题：

昨天刚刚买的一只股票，今天竞价开得很不好，是直接竞价就卖掉，还是等一等？

特别是对于那种昨天分时很生猛、人气也很好，今天竞价居然平开，甚至低开，这种情况下我们应该怎么处理？

是竞价卖掉？

还是开盘卖？

还是多等一会，看一看再决定？

本文就来讨论这个问题。

从哪里说起呢？我先给大家讲一个社会现象。

我本人很喜欢泡各种论坛、微博，早年天涯，还有豆瓣、知乎、哔哩哔哩，等等。我最喜欢看里面讨论某个人，特别是名人，比如经济学家、企业家、艺术家、演员和导演。

为什么我喜欢看讨论人呢？

因为能看出人性。而且，我本人对人的思考最感兴趣，我最喜欢看的书就是人物传记，最喜欢看的电影也是人物电影，比如《阿甘正传》《国王的演讲》《美丽心灵》《至爱梵高》《宋家王朝》《梅兰芳》《画魂》等。对于人物传记的书和电影，哪怕是评分低的、拍不好的，我也都喜欢。我喜欢看人物。

我也喜欢看当今的互联网上关于人物的讨论。

在看的过程中，我发现一个有趣的现象，就是很多激进的网友喜欢根据一件事对某某名人下定论。

比如，某某企业家因为一件事做错，一句话说错，或者出现一个丑闻，很多网友就喜欢给人家下定论。

比如，某个作家，因为某个新出版的作品不好，被骂，也容易被网友一棍子打死。

再比如，某个艺术家，因为最新的一部艺术作品问世充满争议，也容易被网友冠以恶名。

一句话、一件事、一部作品，到底能不能压垮一个人？

那要看什么人。

如果这个人是靠某单一作品起来的，当这个单一作品被证伪、被黑后，他就垮了。

但是，如果某个人是经年累月，靠无数作品和成就积淀起来的，那么任何单一的负面都压不垮他。

最典型的是作家，比如贾平凹。你不能因为某某一部作品不好，被恶评，就说他浪得虚名，晚节不保。再比如电影演员，就拿姜文来说，你也不能因为他某一部电影充满争议，就说姜文名过其实。再比如马×企业家，你不能因为他的某一句特别错的话，就说这个人完了。

这类人物，其成就是建立在无数作品和产品的基础上，根基厚，所以单一的反面事件和不达预期的作品，无法动摇他的名望和地位。

但有些人突然蹿红，几乎没有过程，那么单一的负面讨论很容易把他击溃。

也就是说，单一的不达标或者负面，能够击垮短平快飙起的人物，但是无法击垮一步一个脚印走过来的人物。

如果我们把这个思维移植到股市上，再来讨论竞价，就通透得多。

竞价低开、竞价不好、竞价不达预期，对一只股只是单一不达标，这个单一不达标对一只股票构不构成大的证伪或者伤害，不能仅仅从竞价本身去思考，而是去思考这个股票本身是怎么涨的。

如果这只股票的上涨，是累积式的，它的地位和人气是一步一个脚印换手积累来的，那么任何一天的竞价不好，都不足以动摇它。因为它发家靠的是过程，那么它完蛋也只能是靠过程，不能仅仅根据竞价就判断它如何。

但如果这只股票突然之间涨停了，它的上涨是靠一口气，或者一时卡位，那么它这个气就不能轻易泄掉，第二天的竞价不能轻易强转弱。如果竞价大幅低开弱了，就有很大的概率把它证伪了。

竞价是一天最重要的一个时刻，是人气的聚散爆点，那种逞强秀刚的股最在乎它。它的强弱，对于纯刚性的股来说，非常重要。如果走弱了，对于以刚猛示人的股来说，绝对是很大的不祥信号。

而累积式上涨的股，它的上涨不依赖刚性，而是依赖韧性和持续性，它对竞价的依赖比较低，即使竞价低了，不达标了，也对它不构成证伪。这类的股不争竞价，而是争全局。

这点明白了，我们就可以回答本文开头的问题了：

竞价开差了，对于蹭刚股，是个坏消息，是卖的提醒，做好卖的准备。但对于持续接力上来的股，对于有韧性的股，不必惊慌，让子弹多飞一会。

这句话说起来容易，但是理解起来估计要花很长时间。为了帮助大家的理解，我这里举几个案例。

第一个例子，良品铺子，见图 2-40。这个是该股 2020 年 3 月 13 日的分时图，非常刚猛，而且前面都是一字板，无法介入，真正的资金是这天介入的。这个股之所以人气爆棚，就是因为它这一天的分时图太刚猛，它蹭刚。这类的股，它第二天不开 5 个点以上都是错。因为只有大幅高开才能对得起昨天的刚性。就像一个人，上周还在武术擂台上得了冠军，第二天如果连小区保安都打不过，那冠军光环立即没有了。结果，良品铺子第二天的竞价大失所望，就竞价开出的一刹那，就决定了它短线的命运。此时你不按它，等待何时？

第二个案例是齐鲁银行，见图 2-41。该股当时是在三峡能源风暴中走出来的，三峡能源倒下后，它想卡住上位。当天的分时图绝对蹭刚蹭刚的。按照这个架势，它第二天的竞价至少得接住人气。结果，它开得很差。那还等什么？抄家伙吧。

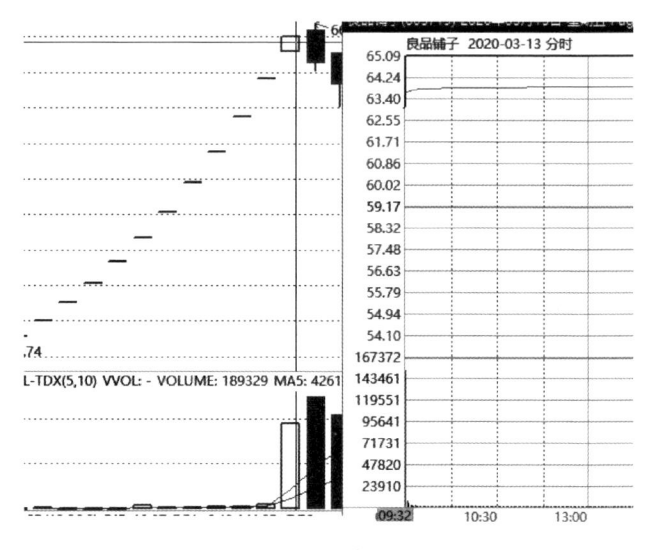

图 2-40　良品铺子分时图

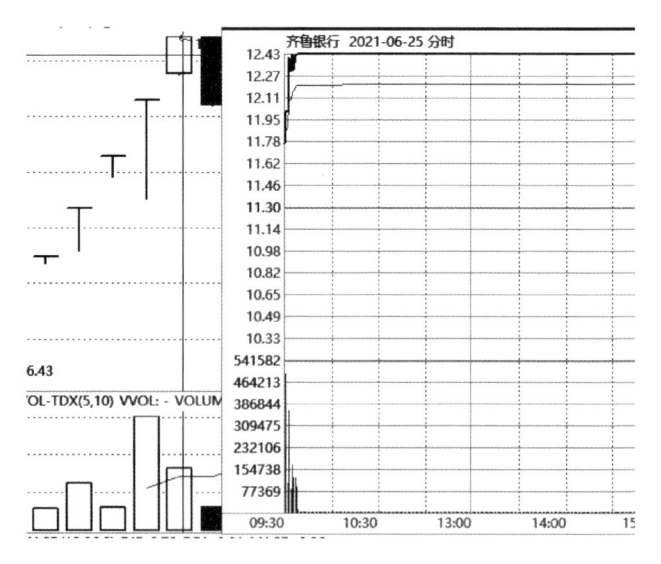

图 2-41　齐鲁银行分时图

第三个案例是华林证券,见图 2-42。2023 年 1 月中旬,这股的定位是助攻国盛金控的,封板的过程也很刚猛。按照助攻的情绪路线,它第二天一字板才符合身份认知,至少也得高开秒板。结果它第二天水下开盘。那一刻,就证伪了。

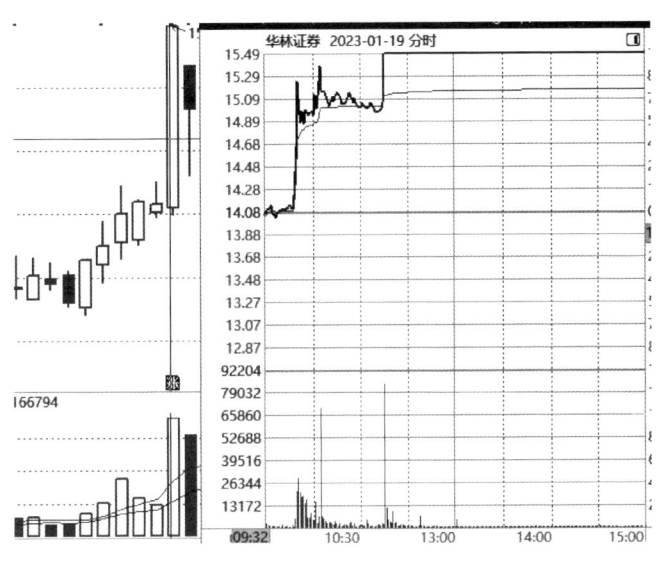

图 2-42　华林证券分时图

第四个案例浙江建投,见图 2-43。前面说的是蹭刚股,接下来我们说说接力韧性股。这个股前面两波已经证明了它的龙头地位,它的人气和上涨是通过无数次换手和对抗积累来的。它能走到今天,不是靠某一天的分时图,某一天的蹭刚,而是无数天的自我奋斗。这个类型的股,任何单一一天的竞价都无法改变它的命运。图中表示的 5 月 6 日大幅低开,但它依然处变不惊。这个类型的股,纵然竞价不达标，你也不能轻易证伪它。就像刘慈欣通过《三体》洋洋洒洒几百万字的积累奠定地位，哪天他再创作一部科幻小说口碑扑街，你也不能说他就完蛋了，也许他下一部还可以封神。这是累积式的物种，不能看单一项目。

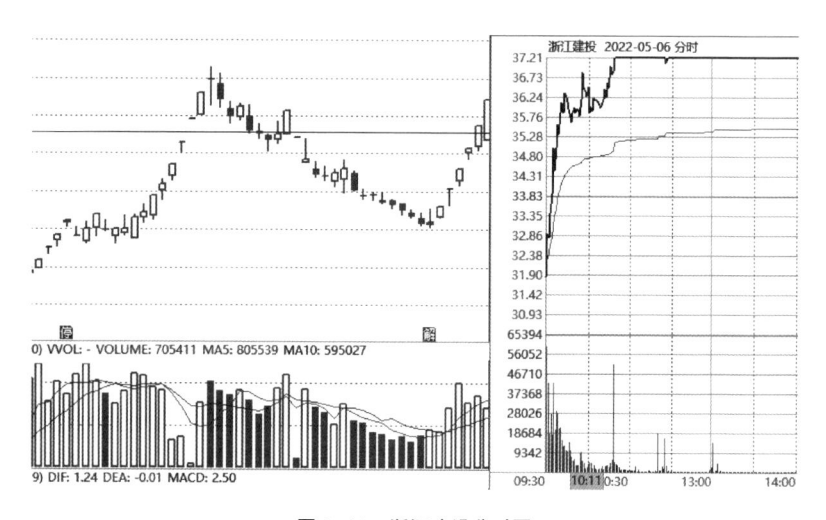

图 2-43　浙江建设分时图

第五个案例是竞业达，见图 2-44。2022 年 10 月 19 日是大幅低开的，碰巧，当时我是持有这个股的。那个时候，我是怎么想的呢？

我觉得这个股的地位和价值，是一步一步换手爬上来的，它不是靠某一天的竞价刚猛上位的。它的地位是时间积累的，不是窜刚的。所以，它的低开我不怕。它的低开，也说明不了什么。甚至它的低开，还给了反手低吸加仓的机会。

好，以上 5 个案例，有正有反，我毫无保留地表达了竞价不符合预期怎么处理,希望对大家有所启发。

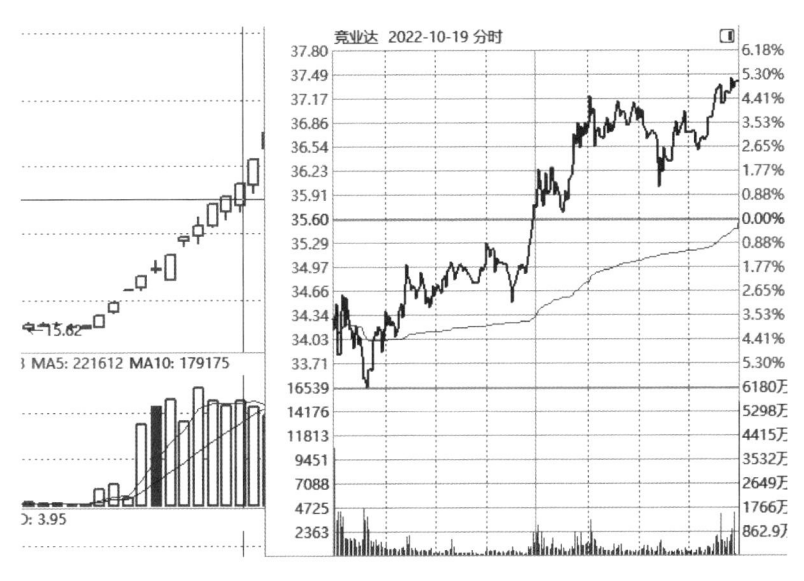

图 2-44 竞业达分时图

分歧的智慧：穿越分歧，利用分歧

赛道跟个股一样，也有它的生命周期。其生命周期中，也有分歧这么一站。

分歧来的时候，最能见到智慧、定力和格局。

面对分歧，有的人张皇失措，如惊弓之鸟；有的人拼命看空，幸灾乐祸；还有一种人，趁着分歧，大肆囤货。

种种行为背后，其实烙印着对分歧的认知，更烙印着股市世界观。

当我还是小白的时候，每次遇到分歧，我都怕得要死。后来随着实战和认知的加深，突然觉得，分歧不但不可怕，反而是朋友。对待分歧，应该泰然处之。

如果有仓位，可以大胆穿越分歧；

如果没有仓位，可以想办法借助分歧进货。

其原理和逻辑，请听我慢慢道来。

一个好的赛道，一只好的股票，其上涨过程中总会经历曲折。但只要赛道成为主赛道，只要个股成为核心股，都不会被一次分歧干死。因为主赛道的玩家至少是几路资金参与，否则也成不了主赛道；几路大佬的行为可不是某个人的心血来潮，更不是小孩子过家家。他们不会因为一次分歧就罢手。主赛道大多是资金深度介入的地方，只有持续打出高度，才能对得起其野心。而且，其撤退的时候，也不是说撤就能撤走，必须反复分歧，反复制造冲顶，才能逐步撤出。

所以，分歧，怕什么？

所以，下次如果你好不容易再发现一个好赛道，或者好龙头，千万不要因为它分歧就把自己吓走。

真正的看好，是敢于穿越分歧；

真正的牛股，也必须穿越分歧。

能受天磨真铁汉

《阿甘正传》里有句话:死是生命的一部分。

至理!

同逻辑:分歧是上涨的一部分。

很多人能接受股价天天涨、时时刻刻涨,但遇到突然的停顿和暂时的回旋,就接受不了,动辄迷茫、恐慌、惊慌失措,甚至逃之夭夭。

这就是没有认识到分歧也是上涨的一部分。

突然的停顿、暂时的回旋就是分歧。这个过程是股价前进途中的必须。任何不经过分歧就上涨的股票,几乎没有。

从内因上讲,大牛股上涨过程中,必须有一个浴火重生的阶段,这个阶段如果能够挺过、能过穿越，那它就能凤凰涅槃，就能把首鼠两端的浮动筹码全部洗掉，然后才能轻装上阵。如果挺不过，那它就不是牛股。

正如左宗棠言：能受天磨真铁汉，不遭人嫉是庸才。

相股如相人。

看人看骨气，看意志，看本质。领导选拔一个人，特别是帅才，必须选那种能够威武不能屈的人，其实就是选能经受分歧打击的人。

看股也是如此，我们要选择股，一定选那种逻辑硬朗、赛道宽广、人气旺的股。而我们一旦选择了这种股，就要相信它能穿越分歧，或者说至少给它一个分歧表演的机会。

而不是遇到分歧就怀疑自己的逻辑，怀疑自己的选择，怀疑自己曾经深入分析过的一切。

有一次跟一个公募基金经理一起吃饭，聊到什么是好股，对方说，真正的好股要藏。我问他什么是藏，他说，敢于穿越波动，穿越周期。

并举例说明，他做得最成功的股票是隆基股份，当详细研究之后，对波动岿然不动，持有它穿越了低潮周期，如是，才有巨大回报。

听后我很汗颜，人家穿越的不仅是分歧，而且是周期，是一种更大的天磨。

有人问："为什么我买的股格局叫下跌，你们买的股格局就叫穿越分歧？"

本质上还是在对股的选择和分析上。当你认真分析、详细选股、明晓逻辑之后，你才有勇气和自信面对分歧。当你吊儿郎当，道听途说，对股票本身不甚了解，你当然不敢面对分歧。

说到底，分歧是馈赠给深度思考者的礼物，是吓走首鼠两端者的利刃。

如果认识清楚了这一层，那么我们再去复盘历史上的大牛股，再去看市场，我们的高度和境界就不一样。

因为我们知道分歧是上涨的一部分，没有分歧，就没有更加坚实和长远的上涨。我们会更加处变不惊，更加坦然和从容。

图 2-45 顺控发展分时图

有人可能会说：分歧也是下跌的一部分。

此言不虚，如果股票的逻辑崩溃，趋势下跌，那么分歧无法阻挡它下跌，分歧确实是下跌的一部分。

写到这里，诸君可能明白我真正想表达的意思：分歧是一个短暂的过程，当逻辑到了股价趋势性上涨的时候，它无法阻止上涨，反而可以让我们更好地登上上涨的阶梯。当逻辑不存在，市场崩溃的时候，它也无法阻止崩溃。

问题的根本是股价上涨的逻辑是否还存在，趋势的势头有没有被打断。

那既然这样，还讨论分歧有什么意义呢？

当然有意义，因为分歧经常会扰乱人心，会让人怀疑自己曾经的判断，会让自己动摇原有的分析。

我们经常见到那种昨天晚上还信誓旦旦，今天早上一个洗盘就吓得屁滚尿流的人。

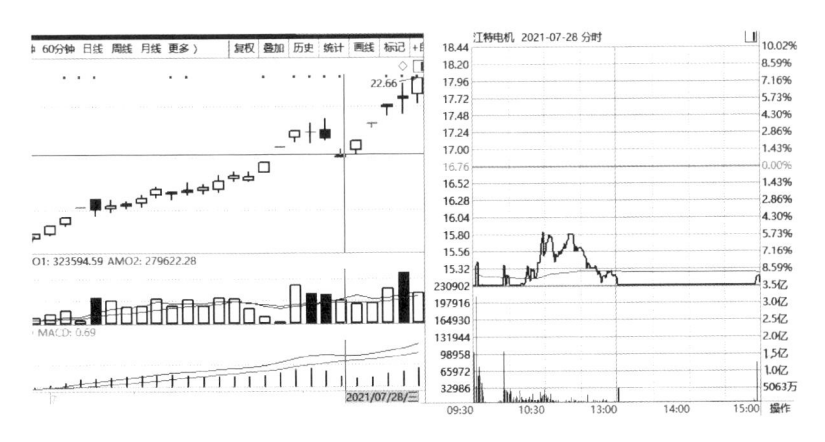

图 2-46 江特电机分时图

这种人本质上就是不接受分歧，不接受任何前进途中的磨难。

这个时候，如果深入去思考分歧的意义，去复盘历史上大牛股都曾经有过的分歧，就会逐步消除恐慌，慢慢接受洗盘。从整体上去鸟瞰某日的某个洗盘，而不是就盯着当天的分时图来吓自己。

其实，我们考验股票的时候，股票也考验我们。我们考验分歧的时候，分歧也考验我们。

不要浪费任何一次危机

丘吉尔说过:"不要浪费一次危机!"

我其实更愿意把这句话加上"任何"两个字,变为:不要浪费任何一次危机。

因为危机对于善谋者来说,是一种天赐良机!

如果没有危机,谁都能看到机会,谁都能轻松上车,谁都能躺赢到终点。只有偶尔穿插着危机,才能把智者留下,把普通者赶下车。

这句话很残酷,但事实就是如此。

回想起革命和长征的历史,就是在一场场危机中磨砺人、筛选人的历史。有些人掉队,有些人逃走,有些人叛变,只有革命意志坚定者才能坚持到最后。

特别是当前途出现困难和分歧的时候,才更能看得出谁在力挽狂澜,谁在惊慌失措,谁在随波逐流,谁在铁肩担道义。

投资的逻辑跟历史的逻辑类似，股价前进的过程中，同样充满了分歧。

分歧的本质就是对股价前进产生了异议，就是共识出现了危机。

其外在的表现就是价格的停滞或者倒退。出现在 K 线图上，就是上影线、大阴线、炸板甚至天地板等。

分歧的出现，会带来恐慌，带来迷茫。有的人坚守，有的人加仓，有的人缴械投降，有的人仓皇而逃。有些原本看好者，也会产生动摇，即使持股，内心也是"动荡不安"。

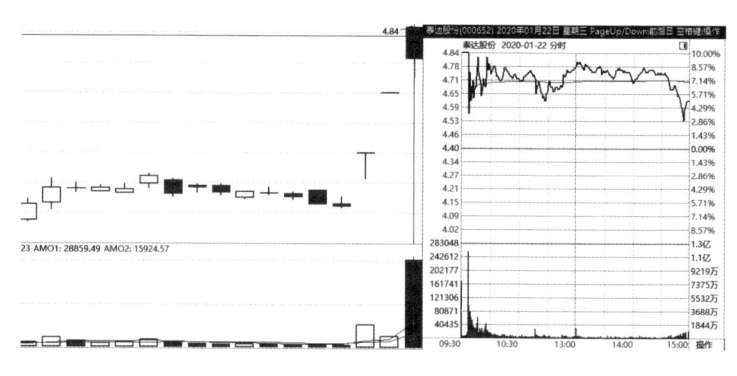

图 2-47　泰达股份走势图

特别是这些年受到某些论坛和公众号的影响，很多人理解的龙头战法，就是连板战法、数板战法，而对不板、不连板不愿意去面对，更别提阴线了。

其实，这是对分歧和危机的理解不够深刻。

如果你不看好一个赛道或者一只股票，其分歧确实是灾难，因为你本来就不看好，买入只是投机而已，首鼠两端很正常。

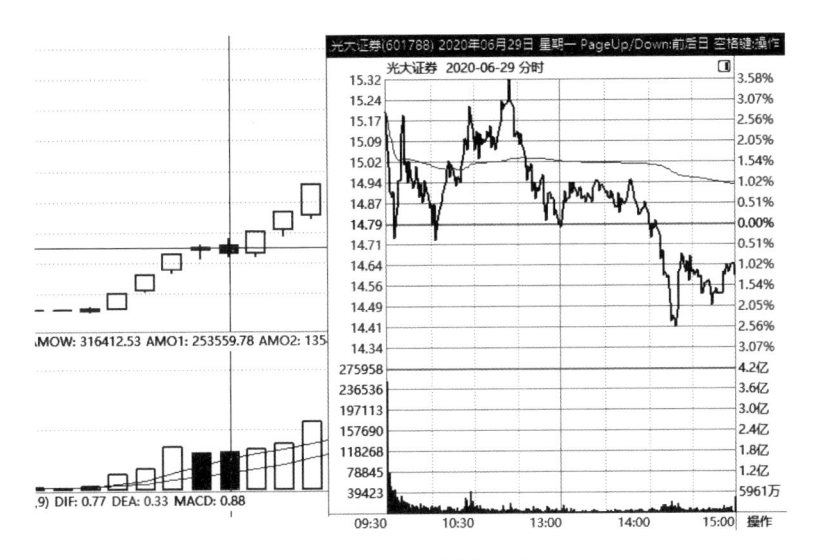

图 2-48 光大证券走势图

但如果你战略性看好某个赛道或某只股票,它的分歧不但不是灾难,反而是千载难逢的机会。

为什么?

其一,分歧是我们观察强弱的绝佳窗口,它以危机和灾难的形式来让我们识别谁是强者,谁是弱者。如果没有分歧,每只股票都那样涨,我们难以识别谁是真正的斗士,谁是真的头铁。温室之内,难见松柏。岁寒,然后知松柏之后凋也。

正如诗云:

未曾清贫难成人,不经打击老天真。
自古英雄出炼狱,从来富贵入凡尘。

醉生梦死谁成器，拓马长枪定乾坤。

挥军千里山河在，立名扬威传后人。

其二，分歧给我们提供了一次相对低价和低位的"补射"和"重仓"的机会。如果股价一直涨，连续涨，除非你当初买的仓位很够，否则难以有个舒服的加重仓点。而分歧恰好给我们提供一次倒车接人的机会。

其三，分歧是对我们投资智慧的一次考验和筛选。如果你真的看好一只股，如果连一次分歧都无法穿越，那我可以很明确地告诉你，你根本从来都没有看好过它。就像如果你真的喜欢一个人，却连吵一次架都难以弥合，那你根本没有喜欢过这个人。

人世间的任何东西都不是一帆风顺的，任何事物的发展也都不是走直线。

再好的股票再好的赛道，都不是一马平川，坑坑洼洼在所难免。我们投资水平的进步，不表现在一马平川的地方，而表现在坑坑洼洼的地方。

投资定力和段位，只有在一次次分歧中才能提升。

投资心境和品格，也只有在一次次危机中能够升华。

下次如果你再超级看好一只股，遇到巨大分歧和危机的时候，不要恐慌，而是问自己：我看好它的初心还在否？

如果还在，请你穿越这种分歧，并把危机利用好。

最后你会发现：

你不抛弃她，她也就不会抛弃你！

围城打援：游资的三十六计与孙子兵法

当今的龙头玩法，比以往更诡异一些。

2022年的龙头喜欢从活口中来。当然，以前的也从活口中来，但2022年的活口往往是从不被人重视的活口中逆袭而来，从后排中爆冷门产生活口，然后冷门变热门，比如浙江建投。

当大家把注意力高度聚焦在冀东装备和保利联合上的时候，浙江建投冷不丁地突然杀出，然后就开始了个人秀。

有样就会学样。

东数西算的题材中，2022年2月23日也这样搞，我们看看。

图 2-49 浙江建投分时图

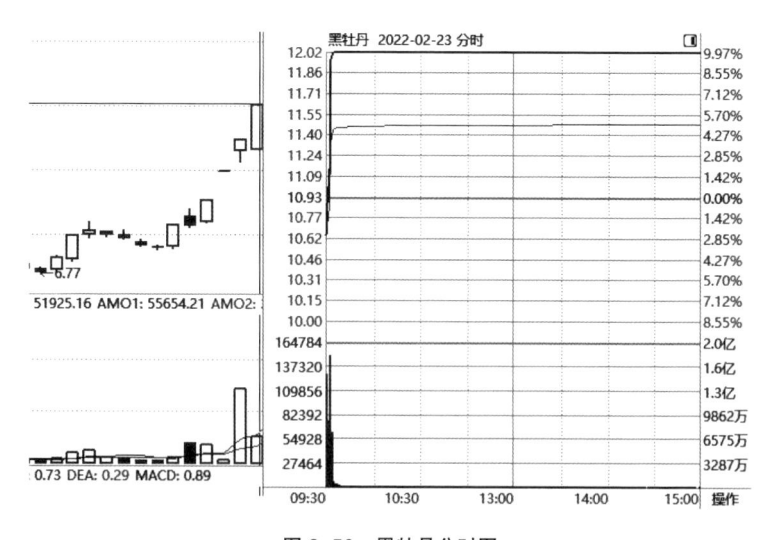

图 2-50 黑牡丹分时图

一层理出一层技：战术思考

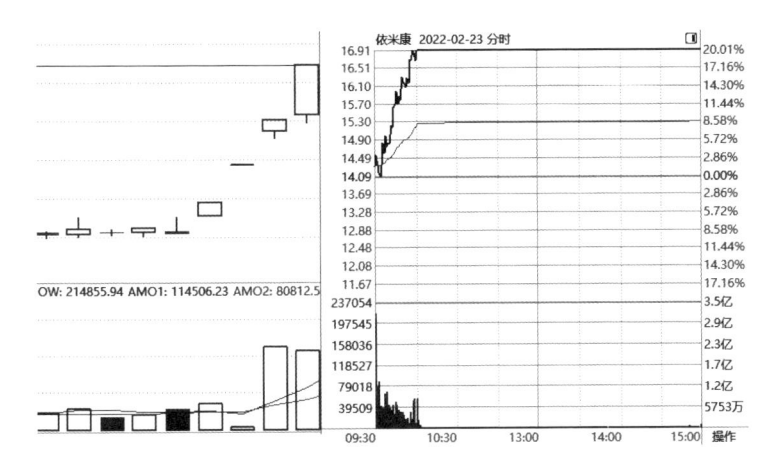

图 2-51　依米康分时图

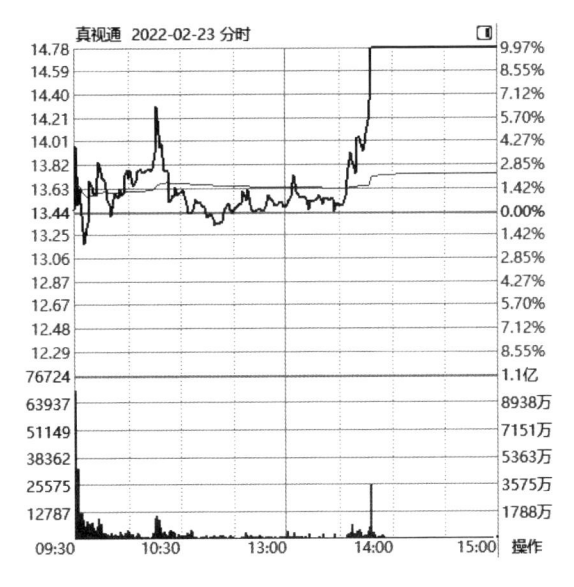

图 2-52　真视通分时图

这几个家伙在干吗?

是身段不够,封单不够,靠逆袭获得市场的人气,进而去获得竞争龙头的机会。这种情况在以前也有,但 2022 年更特别一些。

当某个赛道周期在,人气也在,但是前排买不到,只有后排独立闹革命,于是最近开启全新的玩法。

我把这种新玩法叫围城打援。

围什么城?

我们看看图 2-53。

用 20 亿,围住宁波建工这个城,然后去打援,谁做逆袭,谁做换手龙,就打谁。

这种玩法既不浪费好的题材、好的周期,又能参与其中赚钱,特别是让没有通道的小伙伴也能全程参与一个超级题材。

这也是在龙头同质化年代,被逼出的一种玩法。

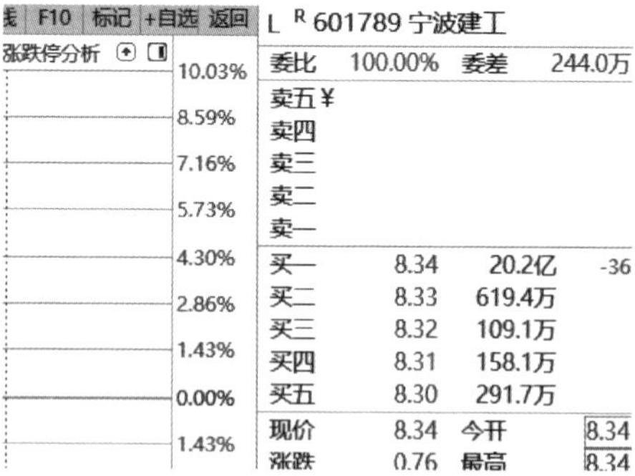

图 2-53 宁波建工实时交易盘口信息

所以,今后再遇到大题材或者大事件,不要只盯着大单围城的那个股,来个围而不攻、围城打援试试?